Anselm Grün
Bernd Deininger

Verstehen statt Verurteilen

Anselm Grün
Bernd Deininger

VERSTEHEN STATT VERURTEILEN

Biblische Hilfestellungen
für ein anderes Miteinander

Vier-Türme-Verlag

Inhalt

Vorwort

Eine der zentralen Haltungen Jesu ist: den Menschen zu verstehen, statt ihn zu verurteilen. Jesus lässt sich auf die Menschen ein, auf ihre Verletzungen und Wunden, auf ihre Leidenschaften und Sehnsüchte. Und er zeigt ihnen Wege auf, wie sie sich selbst verstehen können. Während seines Wirkens trifft er viele, die sich selbst verurteilen. Jesus urteilt nicht. Er nimmt den anderen an, wie er ist. Aber er zeigt auch Wege der Heilung und Verwandlung auf. Seine Wege der Heilung beziehen sich zunächst auf den Einzelnen, sie zielen aber letztlich immer auf ein neues Miteinander.

So haben in diesem Buch Bernd Deininger als evangelischer Arzt und Psychoanalytiker und Anselm Grün als katholischer Mönch und Seelsorger Texte aus den vier Evangelien ausgelegt, jeweils von ihrem spirituellen Hintergrund und von ihrer therapeutischen oder seelsorglichen Arbeit her. Sie haben dabei einen Dialog geführt zwischen den Texten und ihren Erfahrungen aus der Begleitung und so die Geschichten der Bibel neu verstanden. Umgekehrt haben die Texte ihnen geholfen zu verstehen, was in der Begleitung von Menschen geschieht. Sie haben ein neues Licht auf das geworfen, was geschieht, wenn Menschen sich in der Begleitung und in den Therapien der eigenen Wahrheit stellen und bereit sind, sich selbst und andere zu verstehen.

Verstehen ist der erste Schritt in der Begleitung, aber auch bei der Menschwerdung. Der zweite Schritt aber ist Verwandlung. Es geht darum, das, was ist, in die einmalige Gestalt zu verwandeln, die Gott jedem von uns zugedacht hat. Jesus lässt den Menschen nicht einfach dort stehen, wo er ist. Er bietet ihm einen Weg der Verwandlung und Heilung an. Die Voraussetzung dafür ist, genau hinzuschauen, was im Menschen ist. Schon die Kirchenväter kannten den theologischen Grundsatz: »Nur, was Jesus angenommen hat, kann erlöst werden«. Weil Jesus ganz Mensch geworden ist, hat er den Menschen so, wie er ist, erlöst. Diesen Grundsatz haben dann die christliche Spiritualität und auch die humanistische Psychologie übernommen: Nur das, was wir anschauen und verstehen, lässt sich verwandeln.

Das Verstehen richtet sich zunächst auf uns selbst. Wir sollen uns nicht verurteilen, wenn wir in uns masochistische oder sadistische Gedanken vorfinden, wenn wir voller Ängste und Zwänge sind, wenn Aggressionen uns beherrschen. Wir sollen verstehen, woher sie kommen und was sie uns sagen wollen. Wer sich selbst versteht, der kann zu sich stehen. Wer zu sich selbst steht, ist auch bereit, weiter zu wachsen. Jesus zeigt ihm den Weg, wie er durch die Wirklichkeit hindurch, die er in sich erlebt, zu dem einmaligen Menschen werden kann, als den Gott ihn gewollt hat.

Verstehen, statt zu verurteilen bezieht sich aber nicht nur auf unsere Schattenseiten. Es geht auch darum, sich selbst in seiner Würde zu verstehen. Jesus hat uns immer wieder auf unsere unantastbare Würde verwiesen. Er hat uns aufgezeigt, dass wir Söhne und Töchter Gottes sind. Gerade in den Worten des Johannesevangeliums hören wir, dass wir nicht nur von der Erde, sondern auch von Gott sind. Diese Worte klingen manchmal sehr spirituell. Aber wir werden unserem Wesen nicht gerecht, wenn wir nicht zugleich verstehen, dass wir durch Jesus eine göttliche Würde erhalten haben.

Wer sich selbst versteht, statt sich zu verurteilen, wird auch andere versuchen zu verstehen, ohne sie zu bewerten. Wir sind häufig schnell damit, andere zu bewerten, uns über sie zu entrüsten, sie zu verurteilen. Doch damit stellen wir uns über sie. Und wir projizieren oft genug unsere eigenen Schattenseiten auf die anderen. Anstatt uns der eigenen Wahrheit zu stellen, schauen wir voller Schadenfreude auf die Fehler anderer. Das spaltet die Gesellschaft. Wir machen den anderen zum Sündenbock, auf den wir allen Dreck werfen. Solange wir aber den Schmutz im eigenen Herzen nicht anschauen und verwandeln lassen, werden wir immer neue Sündenböcke brauchen, auf die wir das Verdrängte in uns projizieren. Gegen diese spaltende Tendenz hat Jesus das berühmte Wort vom Splitter im Auge des Bruders und vom Balken im eigenen Auge gesetzt (vgl. Mt 7,3f). Jesus weist uns dagegen darauf hin, dass wir den anderen immer als Spiegel für uns selbst sehen sollen. Alles Negative, das wir im anderen entdecken, wirft ein Licht auf das Dunkle in uns selbst. Jesus fasst das in dem Wort, das Bernd Deininger ausgelegt hat: »Wer von euch ohne Sünde ist, werfe als erster einen Stein auf sie« (Joh 8,7). Wenn wir aufhören, einander zu verurteilen, wird ein neues Miteinander möglich.

Wer sich als Sohn oder Tochter Gottes versteht, der sieht auch den anderen mit neuen Augen. Er wird auch in ihm den Himmel entdecken, so wie Jesus im Sünder Zachäus den Himmel sieht. So führt das Verstehen des eigenen Menschseins und des anderen mit seinen Schattenseiten, aber auch mit seiner göttlichen Würde, zu einem neuen Miteinander, bei dem wir uns annehmen, in dem wir einander einen Raum ermöglichen, weiter zu wachsen, uns zu verwandeln und dem Bild immer ähnlicher zu werden, das Gott sich von jedem von uns gemacht hat.

Anselm Grün, Bernd Deininger

Anselm Grün

»Keiner kann dich verletzen, außer du selbst«

MATTHÄUS 7,24-27 UND LUKAS 6,47-49

Jesus schließt die Bergpredigt mit einem Gleichnis ab. Er will damit eindrücklich zeigen, dass es nicht genügt, seine Worte nur zu hören. Es geht darum, sie auch zu tun. Er verwendet hier das griechische Wort *poiein*, es bedeutet: die Worte in Handeln übersetzen. Aber *poiein* heißt auch: kreativ mit diesen Worten umgehen, sich von den Worten zu neuen Verhaltensweisen anregen lassen, die ganz neue Wege eröffnen gegenüber dem, was alle tun. Der östliche Kirchenlehrer Johannes Chrysostomos schätzt gerade diese Methode Jesu, nicht einfach Forderungen aufzustellen, sondern durch eine bildhafte Rede uns das, was er sagen möchte, eindrücklicher vor Augen zu stellen. Chrysostomos schreibt: »Hätte er (Jesus) nur gesagt, der Tugendhafte werde unüberwindlich sein, der Böse dagegen leicht zu besiegen, so hätte dies doch nicht den gleichen Eindruck gemacht wie jetzt, da er von einem Felsen redet und einem Haus, von Flüssen, Regen und Sturmwinden und anderen derartigen Dingen« (Matthäus-Kommentar, 24. Homilie, 103).

Das Symbol Haus steht immer auch für das Lebenshaus des Menschen. Im Traum beschreibt das Haus den Bewusstseinszustand des Menschen. Der Keller steht für das Unbewusste, das Wohnzimmer für die bewussten Bereiche, in denen wir leben. Die Frage ist dann, ob wir unser Lebenshaus auf Felsen oder auf Sand bauen. Auf Sand bauen wir es, wenn die Grundlagen Illusionen sind, etwa die, dass wir alles im Griff haben, dass uns nichts passieren kann. Illusionen sind auch zu große Bilder von uns, beispielsweise, dass wir immer perfekt und erfolgreich und cool sein müssen. Ein solches »Haus« wird bald zusammenbrechen. Es sollte also besser auf Felsen stehen. In der Bibel wird Gott oft als Fels beschrieben. Das meint nicht nur, dass wir unser Haus auf Gott aufbauen sollten, sondern zudem auf feste Grundsätze, die unserem Wesen entsprechen.

Wir können es auch als gemeinsames Haus bauen: das Haus unserer Ehe und Familie. Auch dann stürzt das Haus schnell zusammen, wenn die Grundlage Illusionen sind. Der Eheberater Hans Jellouschek nennt einige solcher Illusionen, die das Haus einer gemeinsamen Ehe leicht zum Einsturz bringen. Da ist etwa die Illusion, in der Ehe würden wir immer Nähe erfahren. Eine Beziehung braucht dagegen Nähe und Distanz. Wer nur die eine Seite erleben will, wird bald erfahren, dass zu große Nähe Aggressionen erzeugt und so das Haus der Ehe zum Einsturz bringt. Eine andere Illusion ist, dass wir in der Ehe immer glücklich sind. Jellouschek meint, die Ehe sei keine Glücksveranstaltung, sondern ein Übungsweg, auf dem wir immer wieder Glück erfahren dürfen. Sowohl das Haus unserer Ehe als auch das Haus unseres Unternehmens oder unserer Institution sollen wir auf felsigen Grund bauen, das sind kluge Maßstäbe. Und letztlich ist Gott selbst beziehungsweise Christus der Fels, auf den wir unser Haus bauen. Jesus versteht seine Worte selbst als den Felsen. Wenn wir uns nach ihnen richten, wird unser Haus alle Stürme und Regengüsse aushalten.

Johannes Chrysostomos deutet die Regengüsse als »die menschlichen Schicksale und Leiden, wie zum Beispiel Verleumdungen, Nachstellungen, Trauer- und Sterbefälle, Verlust des Eigentums, Kränkungen durch andere, überhaupt alles, was man die Unbilden des Lebens nennen kann« (Matthäus-Kommentar, 100f). Als Felsen sieht der Kirchenlehrer die Lehre Jesu: »Seine Satzungen sind ja fester als Gestein und machen, dass man über alle menschlichen Schicksalsschläge erhaben wird« (Matthäus-Kommentar, 101). Er ist der Ansicht, dass Menschen uns nicht wirklich schaden können, denn Jesus hat uns gelehrt, das Eigentum loszulassen. Wir sind also sozusagen schon in der Welt gekreuzigt. So kann uns niemand, der uns etwas Weltliches raubt, schaden. Er meint: »Wer auf einen Diamanten schlägt, verletzt sich eben nur selbst; und wer gegen den Stachel ausschlägt, wird selbst gestochen und schwer verwundet. Ebenso bringt sich selbst in Gefahr, wer den Tugendhaften Nachstellungen bereitet« (Matthäus-Kommentar, 105).

Interessant ist, dass Johannes Chrysostomos im vierten Jahrhundert nach Christus dieses Gleichnis im Dialog mit der stoischen Philosophie deutet. Er interpretiert es von einem Grundsatz aus, den der Philosoph Epiktet etwa 100 nach Christus aufgestellt hat. Die stoische Philosophie könnte man vergleichen mit dem, was heute die Psychologie ist. Ihr geht es darum, wie das Leben gelingen kann. Sie stellt dazu letztlich psychologische Grundsätze auf. Einer lautet: »Keiner kann dich verletzen, außer du selbst«. Zu diesem Grundsatz gehört noch ein weiterer: »Nicht die Menschen verletzen dich, sondern die Dogmata, die Vorstellungen, die du dir vom Menschen machst«. Beide Grundsätze klingen sehr rational. Man darf sie sicher auch nicht verabsolutieren. Aber Chrysostomos scheut sich nicht, diesen Grundsatz christlich zu deuten. Er hat darüber eine ganze Abhandlung geschrieben: »Dass niemand verletzt wird, außer durch sich selbst« (PG 52,459–480). Er möchte in seiner Rede zeigen, »dass kein Opfer Opfer eines anderen ist, sondern sein von ihm selbst verhängtes Geschick erleidet« (PG 52,461). Für ihn liegt die eigentliche Kraft des Menschen in der richtigen Vorstellung, die er sich vom Leben macht, und in der Geradheit und Stimmigkeit seines Lebens. Der Mensch, der die rechte Vorstellung von der Wirklichkeit hat, kann durch äußere Dinge keinen Schaden erleiden. Das zeigt der Kirchenvater am Beispiel Hiobs: Das äußere Unheil konnte ihm nicht schaden, weil er im Glauben an Gott die richtige Vorstellung von der Wahrheit hatte, weil er die richtigen Maßstäbe an die Beurteilung der äußeren Dinge anlegte. An biblischen Geschichten wie der von Joseph, den drei Jünglingen im Feuerofen und von Paulus versucht er zu beweisen, »dass der, der sich selbst nicht verletzt, von keinem anderen verletzt werden kann, auch wenn die ganze Welt einen heftigen Krieg gegen ihn führt« (PG 52,473).

Die Richtigkeit dieser These zeigt er dann am Beispiel der Rede Jesu vom Haus auf dem Felsen. Weder die Regengüsse noch die Fluten können ihm schaden. Wer auf Christus, den Felsen, sein inneres Haus gebaut hat, der kann durch keine Verletzung von außen erschüttert werden. Wer auf Christus sein Haus baut, der baut es auch auf die richtigen Vorstellungen von der Wirklichkeit. Er sieht die Wirklichkeit mit den Augen Jesu. Wer aber aus Unwissenheit, Leichtsinn oder Verdorbenheit sein Haus auf Sand baut, der schadet sich selbst. Nicht der Sturm ist schuld am Einsturz des Hauses, sondern seine eigene Nachlässigkeit und seine falschen Vorstellungen vom Leben und von der Wirklichkeit der menschlichen Seele. Chrysostomos schließt dann seine Betrachtung: »Wer sich selbst nicht verletzt, der geht auch dann, wenn er unendlich viel zu erleiden hat, gestärkt daraus hervor. Wer sich aber selbst verrät, der leidet von selbst (automatoi), er fällt in sich zusammen und geht zugrunde, auch wenn keiner gegen ihn ist« (PG 52,473).

Chrysostomos deutet den Fall des Hauses nicht wie manche Exegeten auf das Schicksal nach dem Tod. Er beschreibt vielmehr, dass die, die ihr Haus auf Sand bauen, schon im Jetzt immer wieder erleben müssen, was Jesus von diesem Haus sagt: »Sein Fall war groß« (Mt 7,27). Denn der, der sich vom Bösen leiten lässt und nicht von den Worten Jesu, muss »ein ganz elendes Leben führen in steter Begleitung von Furcht, Mutlosigkeit, Sorgen und Kämpfen. Das hat auch ein weiser Mann angedeutet mit den Worten: ›Der Gottlose flieht, ohne dass ihn jemand verfolgt‹ (Spr 18,1). Solche Leute zittern vor Schatten, sind voll Argwohn gegen Freunde, Feinde, Diener, Bekannte und Unbekannte, und leiden schon hienieden die schwersten Strafen, noch bevor sie von denen im Jenseits betroffen werden« (Matthäus-Kommentar, 107). Interessant ist, dass er die Menschen, die ihr Haus auf Sand bauen, beinahe aus psychologischer Sicht beschreibt: Sie haben hier schon ein angstbesetztes und unruhiges Leben. Sie spüren, dass es auf keinem guten Fundament steht, und leben ständig in der Angst, dass ihr Haus zusammenfallen könnte.

Mit dieser Deutung des Gleichnisses vom Haus auf dem Felsen interpretiert Chrysostomos zugleich die ganze Bergpredigt. Diese besteht für ihn nicht in erster Linie aus moralischen Folgerungen. Vielmehr beschreibt Jesus in der Bergpredigt die richtigen Vorstellungen, die wir uns vom Leben und von unserem Miteinander machen sollen. Jesus ist der Weisheitslehrer, der uns zeigen möchte, wie Leben gelingt. Für den Kirchenlehrer Chrysostomos besteht kein großer Unterschied zwischen der psychologisch geprägten stoischen Lehre des Epiktet und der Bergpredigt Jesu. Doch die wahre Weisheit liegt in seinen Augen bei Jesus. Jesus stellt nicht nur Forderungen auf. Er beschreibt in vielen Bildern und Beispielen, wie Leben gelingt. Und ein wichtiger Weg, den Jesus in der Bergpredigt aufzeigt, ist, dass wir uns nicht als Opfer von Feinden fühlen sollen, sondern dass wir die Feinde lieben sollen. Dann können sie uns nicht verletzen. Denn nicht der Feind selbst verletzt uns, sondern die Vorstellung, die wir von ihm haben und die er von uns hat. Feindschaft hat immer mit Projektion zu tun: Wir projizieren das auf den anderen, was wir an uns selbst ablehnen. Wenn wir die Projektion auflösen, ist eine gute Beziehung zum vermeintlichen Feind möglich.

Bernd Deininger

Aufruf und Mut zum Leben

MATTHÄUS 12,22-23

An vielen Stellen in der Bibel finden sich Texte, die unmittelbar in die Gegenwart hineinführen. So wird zum Beispiel die Frage erörtert: Wie menschlich und frei darf der Glaube an Gott sein? Ist Gott in der inneren Vorstellung eines Menschen nicht einfach das strafende eigene Über-Ich oder gar eine verinnerlichte Traumatisierung, die viele Menschen in ihrer psychischen Entwicklung erlitten haben? Oder die Angst vor Elterngestalten, die die Möglichkeit zur Entwicklung eines selbstbewussten Menschen behindert haben?

Der Text bedarf einer Auslegung, um die Heilung der Besessenheit, von Blindheit und Stummheit auf dem Hintergrund seelischer Veränderungen sichtbar zu machen. Exemplarisch möchte ich das anhand der Biografie einer Frau zeigen, die nach zwei Suizidversuchen zu mir in Behandlung kam. Sie lebte völlig von der Welt abgeschlossen, pflegte keine sozialen Kontakte und war von tiefem Misstrauen gegenüber anderen Menschen geprägt. Sie erzählte aus ihrer Kindheit und schilderte mir eine Mutter, die häufig Jähzornattacken hatte, was zu körperlicher Gewalt ihr gegenüber führte. Der Frau war es nicht möglich, Zusammenhänge zwischen ihrem eigenen Verhalten und den Ausbrüchen ihrer Mutter herzustellen. Die Mutter duldete keine Widerrede, sodass sie zunehmend den Kontakt mit der Mutter aufgab, gleichsam das Reden verlernte. Ganz präsent war ihr die Zeit zwischen ihrem vierten Lebensjahr und der Einschulung: Wenn sie spielte oder etwas tat, was der Mutter nicht gefiel, hatte das Schimpftiraden und Drohungen zur Folge. Sie hatte das Gefühl, dass sie eigentlich nichts mehr tun kann, und verlor das Vertrauen in ihr eigenes Handeln. In der Folge versuchte sie sich immer klein und unsichtbar zu machen, ihr Verhalten zu verändern und herauszufinden, was der Mutter Freude bereiten könnte. Daher tat sie viele Dinge gegen ihren eigenen Willen und entwickelte zunehmend das Gefühl, dass mit ihr etwas nicht in Ordnung war, dass sie einen Fehler hatte, den sie nicht erkennen konnte, und dass dies der Grund war, warum die Mutter so mit ihr umging. Dahinter stand Einsicht, die sich zunehmend in ihrem Inneren breitmachte, dass sie selbst schuld daran trug, dass die Mutter so mit ihr umging.

Mit diesem Grundgefühl, dass in ihr ein verborgener, entsetzlicher Fehler ist, den sie eigentlich selbst finden müsste, wuchs sie heran, und dieses Gefühl begleitete sie bis in ihr Erwachsenenleben hinein. Es entstand bei ihr der Eindruck, dass sie nicht nur alles falsch gemacht hatte, sondern dass sie unberechtigterweise auf der Welt war und dass eigentlich jeder, der etwas an ihr auszusetzen hatte und sie kritisierte, im Recht war. Eigentlich war sie auf der Welt nur störend und nutzlos.

Jeder Wille, sich zur Wehr zu setzen und sich selbst zu behaupten, verschwand, und an seine Stelle trat der Wille, sich durch ständiges Entgegenkommen, durch Gefügigkeit und Anpassung das Wohlwollen der anderen zu spüren, um die Angst vor Verurteilung zu vermeiden. Eigenes Wünschen und Wollen gingen völlig verloren. Innerlich entwickelte sich eine immer größere Leere, gepaart mit dem Gefühl von Scham, ohne dass sie benennen konnte, warum dies auftrat. Am Ende stand ein inneres und äußeres Verstummen. Diese Stummheit aus Schuldgefühl und schweren Selbstzweifeln, aus Selbstverachtung und Ohnmacht waren ihre ständigen Begleiter.

Während der Behandlung hörte ich oft Sätze wie: »Ich schäme mich so, dass ich hier bin; ich falle ihnen doch ständig zur Last; ich weiß nicht, worüber ich mit ihnen reden soll; ich habe den Eindruck, dass ich nicht von mir reden kann, weil ich es nicht wert bin, dass sich jemand für mich interessiert«. Mit dieser Stummheit sich selbst gegenüber, begleitet von der eigenen inneren Entwertung, gab es auch eine voranschreitende chronische Blindheit für sich selbst: Das Gefühl, sich selbst nicht mehr sehen zu können und sehen zu wollen, sondern nur so zu leben, dass die Außenwelt zufriedengestellt wird. Die Verschmelzung von Scham und Schuldgefühlen, gepaart mit der inneren Zurückgezogenheit, verdichtete sich zu einem kompletten Unvermögen für eigene Interessen und Wünsche einzutreten. Doch dann kam sie an den Punkt, an dem die psychische Energie erschöpft war, sich der Außenwelt anzupassen. Es machte sich das Empfinden breit, auch die anderen nicht mehr sehen zu können, überhaupt nichts mehr sehen zu wollen, was zu den Suizidversuchen führte. Es ist gut vorstellbar, wie ein Mensch, der das Sprechen von sich selbst verlernt hat, der nicht weiß, welche eigenen Wünsche er hat, dazu gedrängt wird, nicht mehr hinzusehen und sich nur noch auf sich selbst zurückzuziehen oder sich auszulöschen. In dem biblischen Text wird ganz modern dargestellt, dass das Stummsein und die Blindheit nur die Symptome einer Krankheit sind, bei welcher der Mensch sich selbst nicht mehr gehört und den fremden, zerstörenden, dämonischen Mächten ausgeliefert ist, die von ihm Besitz ergriffen haben.

Im weiteren Verlauf der Therapie erzählte mir die Frau, dass ihre Mutter einen Abtreibungsversuch unternommen hatte, der aber misslang. Mit dem Vater lebte sie nur auf Druck ihrer Familie zusammen. So hat die Mutter all ihre Enttäuschungen über ihr eigenes Leben, ihren Hass auf ihre Familie, die sie in die Ehe zwang, und ihren Hass auf ihren Mann, der ihr das Leben, das sie hätte leben wollen, versperrt hatte, auf ihre Tochter übertragen und ihr damit jede Möglichkeit der eigenen Selbstwerdung genommen.

Neben der Erfahrung der eigenen Nichtigkeit und Wertlosigkeit, die aus tiefenpsychologischer Sicht für das Erblinden und Verstummen verantwortlich sind, gibt es aber auch noch eine andere Sichtweise, die uns der biblische Text nahebringt. Vielen Menschen sind der Ansicht, dass das Dasein als Ganzes sinnlos und ohne Ziel ist, was nicht nur das eigene Dasein, sondern auch das Dasein aller Dinge infrage stellt. Für diese Menschen gibt es keine Begründung, warum es etwas gibt und nicht nichts, und sie glauben, dass es auf diese Frage keine Antwort gibt. Einige verlieren dann jede Lebensenergie und verstummen. Nun kann es durchaus sein, dass wir als Individuen denken: Ich bin überflüssig und es müsste mich auch nicht geben. Ob es mich gibt oder nicht, ändert am Weltenlauf nichts. Das bedeutet aber nicht, dass ich mich deshalb selbst abschaffen sollte, sondern vielmehr, dass ich mein Dasein, das Dasein aller Dinge, entgegennehmen darf als ein überraschendes Geschenk. Kann ich dann nicht dieses Geschenk annehmen und damit die Dunkelheit und die Finsternis, die mich umgeben, erleuchten und ihnen einen Sinn geben? Es ist sicher so, dass wir als Menschen nichts Eigenes besitzen – das macht schon, dass wir in diese Welt hineingeworfen sind –, aber wir könnten daraus den Schluss ziehen, dass wir dem, der uns in diese Welt geworfen hat, alles verdanken und er uns alles geben will, weil er uns akzeptiert.

Selbsthass oder Dankbarkeit, Angst oder Vertrauen, das ist eine Wahl, die ich treffen kann. Zerfällt die Welt in Sinnloses oder Sinnvolles, in ein Schweigen des Nichts oder in ein Schweigen des Seins. Ich kann eine Entscheidung treffen, ob ich das Geschenk Gottes annehme oder erblinde im Schatten der Leere und der Nichtigkeit aller Dinge.

Im biblischen Text werden uns hierzu die Augen ein Stück weit geöffnet. Er ermutigt uns zu einer bedingungslosen Bejahung im Sinn von Dankbarkeit und Vertrauen, hinter der das sichtbar und ansprechbar wird, was in der Sprache der Religion Gott heißt. Um nicht in die Sinnlosigkeit des Daseins hineinzufallen, spricht die Bibel von Gott als unserer letzten endgültigen großen Bejahung. Die Möglichkeit, sich dem anzuvertrauen, besteht für uns alle, unabhängig, ob wir mit schweren psychischen Defiziten aufgrund unserer fehlgeleiteten frühkindlichen Entwicklung beladen sind oder nicht. Eine tiefenpsychologische Auseinandersetzung mit unserem eigenen Lebensschicksal, die auch das Geschenk unserer eigenen Existenz beinhaltet, kann sich als machtvoll über Blindheit und Stummheit erweisen.

Bernd Deininger

Schwer zu verstehen

MATTHÄUS 13,1-23

Kann man Menschen, die in ihren Ängsten gefangen sind, erreichen? Wie viele Menschen gibt es, die die Augen vor ihrer eigenen Lebensgeschichte verschließen, weil sie Angst haben, dort mit Wahrheiten und Tatsachen konfrontiert zu werden, mit denen sie glauben, nicht umgehen zu können? Das wären zwei wichtige Fragen, auf die das Gleichnis vom Sämann, das Jesus erzählt, zu antworten versucht.

In dem Gleichnis vom Sämann soll dargestellt werden, wie Menschen in Verzweiflung und Resignation hineingeraten und dann dazu neigen, ihr Leben völlig infrage zu stellen und aufzugeben. Gerade jene, die an einer depressiven Erkrankung leiden, sind mit den oben genannten Symptomen konfrontiert. Für viele Menschen genügt es allerdings schon, wenn sie in eine Krisensituation hineingeraten, dass sich daraus eine depressive Episode entwickelt, die das Leben über lange Zeit begleitet und zu einer melancholischen und lebensverneinenden Haltung führt. Das Beeindruckende ist, dass in den Bildern des Gleichnisses vom Sämann diese depressiven Symptome zur Sprache kommen, die sich sonst nur schwer beschreiben lassen.

Wenn wir mit Menschen zu tun haben, die unter einer Depression oder einer depressiven Entwicklung leiden, versuchen wir häufig, sie zu trösten. Allerdings besteht der Trost oft darin, den anderen aufzufordern, sich zusammenzureißen und den Kopf nicht hängen zu lassen. Auch neigen wir dazu, an frühere Zeiten zu erinnern, in denen die Depression noch nicht spürbar war, an schöne Dinge, die der andere erlebt hat, an Fähigkeiten und positive Charaktereigenschaften, die bei dem betreffenden Menschen vorhanden, doch jetzt scheinbar verloren sind. Die Erfahrung zeigt aber, dass gerade diese Art des Trostes wenig ausrichtet, im Gegenteil: der betreffende Mensch fühlt sich unter Druck und eigentlich wird dadurch alles nur schlimmer: Der Verzweifelte fühlt sich zudem noch unverstanden.

Im Gleichnis wird der Sämann in seinem Zorn und seiner Angst dargestellt, denn er sieht sich außerstande, den Schwarm der Vögel, die ihm seine Körner wegfressen, zu verjagen. Er weiß, dass er hilflos ist und dass die Vögel täglich wiederkommen. Zudem gibt es viele Steine im Acker, und sooft er den Boden auch umpflügt: Sie werden immer vorhanden sein.

Es gibt viele Lebenssituationen, in denen wir mit Enttäuschungen und dem Gefühl von Resignation konfrontiert sind, weil wir Dinge nicht ändern können. Zum Beispiel im Bereich unserer Beziehungen: dass wir enttäuscht werden vom anderen und wir erstaunt feststellen, dass wir Anteile am anderen, die wir als negativ empfinden, so noch nicht gesehen haben. Oder im Bereich gesellschaftlicher und politischer Entscheidungen: dass wir damit nicht einverstanden sind und nicht klarkommen. Das kann dann durchaus dazu führen, dass die Welt sich einengt und der Blick auf das, was verloren ist, was kaputtgemacht wurde und erstickt ist, überhandnimmt. Dann ist es tatsächlich zum Verzweifeln. Auch in dem Gleichnis wirkt es so, als ob diese Sicht auf die Dinge, die so ausführlich geschildert wird, durchaus ihre Berechtigung hätte. Der Grund ist aber, dass es zunächst darum geht, ein Gefühl in Gang zu bringen, es also durchaus in Ordnung ist, wenn der Einzelne Gründe findet beziehungsweise ihm seine Lebenserfahrung zeigt, dass er für Traurigkeit und Resignation durchaus Verständnis erwarten darf.

Ein Beispiel: Ein 45-jähriger Mann kam in meine Praxis, weil er unter Panikanfällen und morgendlichen depressiven Verstimmungen litt. Er erzählte mir, dass er unerwünscht gewesen war als Kind und seine Mutter eigentlich eine Abtreibung vornehmen lassen wollte, weil sein biologischer Vater sie verlassen hatte, als die Mutter ihm sagte, dass sie schwanger geworden war. Die Oma, von der er das erfahren hatte, überredete ihre Tochter, das Kind zu behalten und sagte ihr, sie würde sich schon darum kümmern. Nach seiner Geburt ging die Mutter nach einigen Wochen wieder zur Arbeit, da sie für ihn und für sich selbst ihren Lebensunterhalt verdienen musste. In der ersten Zeit wuchs er also bei der Großmutter auf. Als er zwei Jahre alt war, fand die Mutter einen neuen Partner gefunden, den sie heiratete. Die Mutter nahm den Jungen dann zu sich. Schon von Anfang an entwertete ihn der Stiefvater, er hat es ihm nie recht machen können, es gab keine Liebe und Anerkennung. Schon sehr früh spürte er viel Neid und Hass vonseiten des Stiefvaters, da er ihn wohl mit seinem Leben und seiner Existenz daran erinnerte, dass bereits ein anderer Mann seine Frau geschwängert hatte, was er nur schwer verarbeiten konnte. Die Mutter unterwarf sich dem Stiefvater völlig und schien dankbar zu sein, dass er sie mit einem Kind noch als Partnerin genommen hatte. Gegenüber ihrem Mann nahm sie ihren Sohn nie in Schutz und behandelte ihn letztendlich wie einen Fremdkörper. Sie war hilflos, arbeitete viel, um es auch ihrem Mann recht zu machen, und bekam mit ihm zwei Kinder. Seine Halbschwestern wurden ihm in allen Bereichen vorgezogen.

Er erinnerte sich daran, dass er nie altersgemäß spielen durfte. Die Halbschwestern waren vier und sechs Jahre jünger als er, und es war für ihn eine Pflicht, sich um die jüngeren Geschwister zu kümmern und auf sie aufzupassen. Das Spielen mit Gleichaltrigen wurde ihm immer wieder verwehrt. Schon im Grundschulalter musste er Tätigkeiten verrichten, die eigentlich in den Aufgabenbereich eines Erwachsenen fallen. Er ging zum Einkaufen, hielt die Wohnung in Ordnung und verzichtete völlig auf eigene Wünsche und Bedürfnisse.

Nach einer Auseinandersetzung zwischen der Oma und dem Stiefvater, bei der die Großmutter darauf hinwies, dass er vernachlässigt würde, verbot der Stiefvater den Kontakt mit der Oma, sodass für meinen Patienten eine wichtige Stütze und der einzige Mensch, der ihm etwas Liebe gegeben hatte, wegfiel.

Er erinnert sich noch an die ersten Jahre in der Grundschule, wo er häufig träumte, dass er es einmal zu etwas bringen, den Stiefvater in allen Bereichen überbieten und großes Ansehen erlangen würde. Mit diesen Träumen im Kopf und der Hilfe eines Pfarrers schaffte er es, gute Noten zu bekommen, sodass er auf Druck des Pfarrers das Gymnasium besuchte. Er war immer ehrgeizig und fleißig, hatte das Gymnasium mit guten Leistungen durchlaufen und danach ein Maschinenbaustudium aufgenommen. Er wurde tatsächlich ein erfolgreicher Ingenieur. An seinem Arbeitsplatz war er immer einer der eifrigsten und fleißigsten Mitarbeiter, ließ sich alle schwierigen Arbeiten aufladen, passte sich immer an und vermied Konflikte. Im Privatleben fand er eine Frau, die er verwöhnte und der er ein luxuriöses Leben ermöglichte, der er sich aber völlig unterordnete. Zudem hatte er viele Freunde, mit denen er luxuriöse Urlaube verbrachte und illustre Partys feierte.

Dann geriet das Unternehmen in eine wirtschaftliche Krise, er verlor seinen Arbeitsplatz, die Branche, in der er tätig war, war nicht mehr gefragt, er lebte finanziell am Limit. Nach einigen Monaten verließ ihn seine Frau, da er ihr materiell nichts mehr bieten konnte, und zog zu einem erfolgreichen Arzt. Die Freunde, mit denen er vorher viel gefeiert hatte, hatten das Interesse an ihm verloren. Vertrauensvolle Beziehungen hatte er ohnehin keine, sodass er völlig einsam und ohne Perspektive zurückblieb. In dieser Situation entwickelten sich die Depression und die Panikattacken, die ihn zu mir führten.

Seine Geschichte war wie das Bild in dem Gleichnis: »Da fiel ein Same, der an sich gut ist, auf felsigen Grund, schoss gleich auf, aber konnte nicht haften, hatte nie die Möglichkeit, Wurzeln zu schlagen, um in sich ruhig zu werden und Nahrung zu gewinnen aus dem eigenen Standort«. Er war hin- und hergerissen in seinem Leben, auf der Suche nach Anerkennung und Liebe. An Anstrengung, gutem

Willen, Initiative und richtigen Entscheidungen hatte es nie gefehlt, aber am Ende scheiterte er doch. Der Mann, der vor mir saß, war ausgelaugt und ausgezehrt, müde und kraftlos. Es war sofort klar, dass es in diesem seelischen Zustand, in dem er sich befand, kein vernünftiges Argument gab, um ihn da herauszuholen. Für einen solchen Menschen ist es nicht möglich zu sehen, dass das Leben auch schön sein kann. Das Einzige, das hilft, ist, ihm zu gestatten, dass er sich krank, müde, ausgezehrt und von Ängsten überflutet fühlt. Er lebte bislang in einem Zustand, in dem er nicht wusste, was er selbst eigentlich will und wer er ist. Er wusste nur, dass er sich und den anderen (insbesondere der Mutter und dem Stiefvater) beweisen wollte, dass er erfolgreich sein kann. Das führte aber dazu, dass er nicht seinen eigenen Vorstellungen gemäß lebte, sondern sich von außen bestimmen ließ. Auch die Erwartungen, die er an sich selbst hatte, waren nicht seine eigenen, sondern die, die ihn seit seiner Kindheit begleiteten.

Er hatte den Glauben, dass er sein Leben wieder in den Griff bekommen, dass es ihm wieder gutgehen könnte, völlig verloren. Es gab für ihn keine Perspektive, das Leben hatte keinen Sinn mehr. Er hatte den Glauben an sich selbst, seine Leistungsfähigkeit und an alles, was für ihn bislang wichtig gewesen war, verloren. Wie oben gesagt, ist gerade in einer solchen Situation jeder Rat von außen, auch wenn er noch so gut gemeint ist, sinnlos und eher kontraproduktiv. Die üblichen Tröstungen haben keinerlei Aussicht auf Erfolg.

Entscheidend ist, alles, was auf das Leben dieses Mannes eingewirkt hatte, aufzugreifen, alle Demütigungen und Zurückweisungen mit ihm noch einmal durchzugehen und ihn die Trauer und Einsamkeit spüren zu lassen. Gerade indem noch einmal verdichtet wird, was dunkel und bedrohlich ist, kann sich ein Lichtstrahl zeigen. Die Umwandlung der grenzenlosen Dunkelheit und Resignation kann nur dadurch erreicht werden, dass der Mensch vertrauensvoll begleitet wird und spürt, dass ein anderer mit ihm diese Dunkelheit aushält. Letztendlich geht es darum, dass derjenige, dem alle Hoffnungen zerbrochen sind, in seinem Inneren und in der Dunkelheit spürt und weiß, was er eigentlich sein könnte und wozu er berufen ist.

Im therapeutischen Geschehen geht es darum, durch die Verzweiflung hindurchzugehen, indem man all die Gründe für diese Verzweiflung aufspürt. Aus der Ablehnung und dem Mangel an Liebe, die dieser Mann erfahren hat, aus allem Negativen also kann er dann etwas für ihn Wertvolles formen und erspüren. Er kann wahrnehmen, dass ihm eine innere Kraft gegeben wurde, trotz der Mängel, die er erlebt hat, durchzuhalten und etwas zu erreichen. Er kann spüren, dass er stolz auf das sein kann, was er unter den Startbedingungen ins Leben erreicht hat. Er kann spüren, was er selbst ist. Das kann ihm keiner mehr nehmen. Aus der Verzweiflung und dem Negativen heraus findet er so zu seinem unverfälschten Wesen Zugang, er kann zur Blüte bringen, was in ihm lebendig ist.

Ein Mensch kann durch das Herabsteigen in den Keller seiner Seele verstehen, dass er aufhören muss, alles von außen her ersticken und überwuchern zu lassen. Er kann spüren, dass es wichtig ist, Konflikte anzugehen und eigene Interessen zu vertreten. Er kann spüren, wie wichtig es ist, Grenzen zu setzen und sich nicht mehr hin- und herschieben zu lassen. Es ist erstaunlich und wunderbar, dass diese tiefenpsychologische Erkenntnis sich schon in dem Gleichnis, das Jesus erzählt, zeigt. Er weist darauf hin, dass wir nur im Spiegel unserer eignen Seele uns selbst sehen lernen. Die Liebe, das Verständnis und die Güte Gottes zeigen sich in unseren Träumen und in unserer Kraft, überleben zu wollen.

Das ist jedoch kein einfacher Schritt. Viele Menschen haben Angst vor ihrer eigenen Tiefe, vor sich selbst, lehnen daher einen therapeutischen Prozess ab und greifen zu Medikamenten. Sie haben schon in ihrer Kindheit gelernt, dass jedes tiefere Gefühl zu vermeiden und zu unterdrücken ist. Das führt häufig dazu, dass sie die

Chance nicht ergreifen, sich mit ihrer Dunkelheit auseinanderzusetzen, um aus dieser heraus Ruhe zu finden, zu reifen und erwachsen zu werden. Dennoch: Alles, was ist und wachsen will, braucht Zeit. Es gibt eben Menschen, die in einer Krisensituation Symptome entwickeln, die Zeit aber noch nicht reif ist, dass sie sich mit ihrer Enttäuschung im Inneren und mit ihren negativen Erfahrungen auseinandersetzen. Für viele kommt oft erst nach jahrelangen Symptomen der richtige Zeitpunkt, zu dem es möglich ist, genauer hinzuschauen. Ich habe schon Menschen erlebt, die siebzig Jahre alt werden mussten, um sich einem tiefenpsychologischen Prozess stellen zu können. Auch bei diesen älteren Menschen habe ich erlebt, wie Sehnsüchte und Interessen noch Platz und Raum finden, um sich zu entwickeln. Letztendlich geht es nur darum, das Vertrauen mitzubringen, dass nichts, was in uns lebt, ausgeschlossen werden muss.

Häufig ist es so, dass Menschen große Angst vor ihrer eigenen Freiheit haben. Es ist die Angst vor der eigenen Aggression, dem eigenen Narzissmus, die uns hindern, Dinge genauer zu betrachten. Es ist aber auch die Angst vor dem Einfluss und der Macht anderer Menschen, die uns immer wieder klein und niedrig hält, statt uns zu entwickeln mit den Möglichkeiten, die in uns angelegt sind. Es gibt Ängste, die Zwänge zur Folge haben, zum Beispiel auch in der Gier nach Geld und Erfolg. Aber, um beim Gleichnis zu bleiben: Kein Besitz und kein Erfolg wird uns schützen vor den Disteln, den Dornen und den Stachelgewächsen.

Insofern ist eine tiefenpsychologische Begegnung, die uns mit unserer Dunkelheit in Berührung bringt, nichts, vor dem man sich fürchten müsste. Denn hinter der Begleitung, die wir durch einen anderen Menschen erfahren, dürfen wir auch darauf vertrauen, dass Gott wusste, was er tat, als er uns erschuf. Darum ist es wenig hilfreich, am Ende zu verrechnen, was unser Leben wert ist. Vielmehr gilt: Dass es uns gibt, ist bei Gott unendlich viel, denn aus dem Nichts gerufen, sind wir in die Ewigkeit aufgenommen.

Anselm Grün

Bekenntnisse

MATTHÄUS 16,13-20

Diese Stelle aus dem Matthäusevangelium ist in der Kirchengeschichte sehr kontrovers ausgelegt worden. Im 19. Jahrhundert zog man diese Stelle in der katholischen Kirche zur Begründung des Papsttums heran. Die evangelischen Exegeten haben dem immer widersprochen. Doch heute herrscht zwischen katholischen und evangelischen Exegeten ein großer Konsens. Wichtiger als die Frage, ob mit der Seligpreisung des Petrus der Primat des Papstes gemeint ist oder nicht, ist für mich eine Auslegung, die für unser ganz persönliches Leben als Christen eine Bedeutung hat. Eine Deutung ist für mich nur dann gut, wenn sie eine Bedeutung für mein persönliches Leben hat. Daher möchte ich diese Stelle in diesem Sinn auslegen.

Jesus fragt die Jünger, für wen die Leute ihn, den Menschensohn, halten. Die Antworten, die die Jünger geben, lauten: die einen für Johannes den Täufer, die anderen für Elia, wieder andere für Jeremia. Für mich werden in diesen drei Gestalten Bilder von Jesus sichtbar, die sein Wesen letztlich verfehlen.

Johannes der Täufer ist der typische Asket. Askese und Kampf gehören durchaus zum christlichen Glauben. Doch Jesus ist nicht wie Johannes. Wenn ich Askese absolut setze, wird der Glaube zur Lebensverneinung. Ich darf mir nichts mehr gönnen. Der christliche Weg wird dann zu einem Wettkampf, wer die größten Verzichte leisten kann. Das aber wäre eine Verfälschung des christlichen Weges. Askese ist Einübung in die innere Freiheit. Und als solche gehört sie durchaus zum Glauben. Aber sie darf eben nicht absolut gesetzt werden.

Elija dagegen ist der große Prophet. Jesus wird von den Evangelisten durchaus auch als Prophet gesehen, der den Menschen das Wort Gottes verkündet. Jesus selbst identifiziert sich manchmal mit dem Bild des Propheten, wenn er etwa sagt: »Nirgends hat ein Prophet so wenig Ansehen wie in seiner Heimat« (Mk 6,4). Oder wenn er von sich selbst sagt: »Ein Prophet darf nirgendwo anders als in Jerusalem umkommen« (Lk 13,33). Doch schaut man sich die Gestalt des Propheten Elija genauer an, werden auch die Schattenseiten des Prophetentums deutlich: Er fühlt sich absolut im Recht und schleudert das Wort Gottes gegen die Menschen. Er tötet sogar alle Baalspriester, weil sie nicht dem rechten Gott opfern. Jesus kennt diese Rechthaberei nicht. Heute verstehen sich manche Christen ebenfalls als Propheten, die nicht auf die Menschen und ihre Sehnsucht zu hören haben, sondern im vollen Bewusstsein, dass sie im Recht sind, die Worte Gottes gegen die Menschen schleudern. Es bleibt zu fragen, ob es tatsächlich immer die Worte Gottes sind, die sie im Mund führen, oder ob sie sich mit dem archetypischen Bild des Propheten identifizieren und dann blind sind für das eigene Streben nach Macht und Rechthaberei, die sie im Bild des Propheten ausleben.

Jeremia als letztes Bild Jesu ist eine Symbolfigur für den leidenden Gerechten. Das ist durchaus passend für Jesus, denn die Passion ist wesentlich für ihn. Doch auch hier gilt: Wenn das Leiden verabsolutiert wird, wird es leicht zum Masochismus. Manche Christen sind direkt verliebt ins Leiden. Jesus hat es nicht gesucht. Es ist ihm widerfahren und er hat es in Hingabe verwandelt. Aber manche Menschen leiden lieber, anstatt aktiv zu werden und die Probleme, unter denen sie leiden, zu lösen. Jesus nimmt das, was sein Leben durchkreuzt, an. Aber er sucht das Kreuz nicht von sich aus.

In all den genannten Identifikationsfiguren ist also immer nur ein Teilaspekt Jesu enthalten. Nun fragt Jesus die Jünger: »Ihr aber, für wen haltet ihr mich?« (Mt 16,15). Und Petrus bekennt stellvertretend für alle Jünger: »Du bist der Messias, der Sohn des lebendigen Gottes« (Mt 16,16). Jesus ist der Messias, der uns in die Freiheit führt, der uns befreit von negativen Bindungen. Und er ist der Sohn des lebendigen Gottes, was Matthäus besonders betont. Im Griechischen heißt es hier: *Theos zon*. Das ist ein Bild für den lebendigen Gott, der in der Geschichte handelt, im Unterschied zu toten Götzen (vgl. Luz 461). Für mich sind das zwei wichtige Kriterien, ob mein Jesusbild stimmig ist oder nicht: wenn ich mich frei fühle und ich lebendig bin, kann ich sicher sein, dass ich auf dem richtigen Weg bin. Ich kenne Christen, die vor lauter Gesetzesdenken innerlich unfrei sind. Sie zwängen sich in Normen hinein und meinen, diese seien von Jesus so vorgegeben worden. In Wirklichkeit entstammen sie dem eigenen Über-Ich. Andere sind vor lauter Druck, alle Gebote zu erfüllen, innerlich erstarrt. Von ihnen geht keine Lebendigkeit aus. Nur dort, wo ein Mensch voller Leben ist, wo das Leben in ihm aufblüht, hat er ein angemessenes Bild von Jesus.

Jesus preist nun den Simon Petrus selig: »Selig bist du, Simon Barjona, denn nicht Fleisch und Blut haben dir das offenbart, sondern mein Vater im Himmel« (Mt 16,17). So wie Petrus stellvertretend für die Jünger spricht, wird er nun von Jesus stellvertretend für die Jünger seliggepriesen. Das meint: Wenn wir Jesus wirklich verstehen, begreifen, wer er ist, dann ist das letztlich immer ein Geschenk der Gnade Gottes.

Das nächste Wort in der Bibelgeschichte wurde durch die Zeiten und Konfessionen auf ganz unterschiedliche Weise gedeutet: »Ich aber sage dir: Du bist Petrus, und auf diesen Felsen werde ich meine Kirche bauen, und die Mächte der Unterwelt werden sie nicht überwältigen« (Mt 16,18). Heute sind sich die Exegeten einig, dass aus diesen Worten nicht die Einsetzung des Papsttums herauszulesen ist. Das hat die frühe Kirche ebenfalls so gesehen. Petrus steht hier vielmehr für den richtigen Glauben an Christus. Christus ist der eigentliche Fels, auf den die Kirche gebaut wurde. Dieser Überzeugung war bereits Augustinus. Für ihn ist nicht Petrus der Fels, sondern Jesus Christus: »Denn nicht von Petrus hat die Petra (lat. für »Fels«), sondern Petrus von der Petra ... den Namen. Auf diesem Fundament ist auch Petrus selbst erbaut. Denn ein anderes Fundament kann niemand legen als das, welches gelegt ist, welches ist Jesus Christus (1 Kor 3,11)« (Luz, 477). Der Kirchenvater Origenes sieht Petrus als Urbild des Jüngers, der wie Petrus das wahre Christusbekenntnis verkündet: »Fels ist nämlich jeder Jünger Christi, der aus dem geistlichen Felsen Christus (1 Kor 10,4) trinkt« (Luz, 474).

Die Exegese der griechischen Kirchenväter deutet den Felsen auf den Glauben beziehungsweise das Gottessohnbekenntnis des Petrus. So meint Theodor von Mopsuestia: Das Bekenntnis des Petrus »ist nicht dem Petrus allein zu eigen, sondern geschah für alle Menschen: Indem Jesus sein Bekenntnis einen Felsen nannte, machte er deutlich, dass er darauf die Kirche bauen werde« (Luz, 476f). Die römische beziehungsweise kirchliche Deutung auf Petrus und die Päpste als Nachfolger ist als eine weiterführende Auslegung möglich. Aber sie ist eben eine Fortschreibung und im Text selbst so nicht angelegt. Und zurecht weist der schweizer Neutestamentler Ulrich Luz darauf hin, dass die Deutung der biblischen Texte immer auch von zeitgeschichtlichen Situationen abhängig ist. Er sieht in diesem Text nicht das Petrusamt, sondern den Petrusdienst als bleibende Grundlage der Kirche. Der Petrusdienst ist für ihn »die öffentliche Bezeugung des ungekürzten Christusglaubens und die bleibende Verpflichtung der Kirche auf das Programm Jesu« (Luz, 472).

Kontrovers diskutiert wurde auch Vers 19 dieses Abschnitts. Katholische Exegeten haben diese Worte oft auf die Vergebung der Sünden im Bußsakrament hin ausgelegt. Doch das ist ebenfalls eine Fortschreibung, die zwar möglich, aber im Text selbst nicht intendiert ist. Zunächst geht es um das Bild der Schlüssel: Wer die Schlüssel besitzt, hat die Vollmacht über die Räume. Doch worin besteht die Schlüsselgewalt des Petrus? Im Text wird nicht mehr vom Öffnen und Schließen gesprochen, sondern vom Lösen und Binden. Wenn wir diese Worte auf dem Hintergrund jüdischen Denkens verstehen, so beziehen sie sich auf die richtige Gesetzesauslegung durch die jüdischen Lehrer. In Mt 23,13 klagt Jesus die Schriftgelehrten an, sie würden das Himmelreich vor den Menschen verschließen. Im Gegensatz zu den Schriftgelehrten ist es die Aufgabe des Petrus und der Kirche, die sich auf ihn beruft, »das Himmelreich für die Menschen zu öffnen, und zwar durch seine verbindliche Auslegung des Gesetzes. Er soll den Willen Gottes von Jesus her auslegen, um so die Menschen auf denjenigen schmalen Weg zu führen, an dessen Ende die schmale Pforte zum Himmelreich aufgeschlossen wird (vgl. Mt 7,13f). Der Schlüssel zum Himmel sind also die Gebote Jesu, die Petrus verkündigt und auslegt (vgl. Luz, 466).

Bernd Deininger

Das rechte Maß

MATTHÄUS 13,24-30

Das Nachdenken über die Begrenztheit unseres Daseins hat die Menschen schon seit Urzeiten beschäftigt. Dieses Nachdenken ist unmittelbar mit der Frage nach dem Ursprung des Lebens verknüpft. Für viele steht am Ende dieser Frage die Erkenntnis, dass es etwas dem menschlichen Leben Übergeordnetes gibt, das ganz zu Beginn steht. Ob dieser allumfassende Ursprung nun als das Absolute bezeichnet wird oder ob wir dafür den Begriff »Schöpferische Kraft« oder im christlichen Sinn den Namen »Gott« einsetzen, erscheint nicht entscheidend. Wenn über Gott gesprochen wurde, war dies meist nur in Reflexionen möglich, die sich auf Gott bezogen entwickelt haben.

Diese Vorstellungen konnten durchaus logisch und klar durchdacht sein, aber das Numinose, das alles Umfassende, eben das, was wir Gott nennen, nicht verstandesmäßig begreifen. Auch der historische Jesus hat über Gott, den er seinen Vater nannte, gesprochen. Und wie wir aus den Evangelien herauslesen können, tat er dies nicht in Form einer theologischen Reflexion, sondern häufig in Gleichnissen. In gleichnishafter Weise zu reden bedeutete in der Erklärung, was Gott sein könnte und was dessen Wille ist, einen radikalen Verzicht gegenüber jedweder Art von theologischen Meinungen. Jesus hat, wie wir dem Neuen Testament entnehmen können, eben auch deshalb in gleichnishafter Weise geredet, weil es für ihn erst einmal keine rationalen und sachlogischen Erklärungen gab, um Gott in seiner Ganzheit zu verstehen. Das für uns als heutige Menschen Beeindruckende an der Rede Jesu in Gleichnissen ist, dass er einen Versuch macht, den seelischen Strömungen des Menschen nachzugehen und die Fragen seines Gegenübers so aufzugreifen, dass sie sich in dessen eigenem Leben widerspiegeln und verdichten.

Hinter dem Gleichnis vom Unkraut im Weizen steht eine uralte Menschheitsfrage, die sich weder individuell noch allgemein einfach lösen lässt: Wie kann man Gut und Böse voneinander unterscheiden? Was ist falsch und was ist richtig? Wie steht es mit dem offensichtlich Leidvollen in der Welt und warum lässt der allumfassende Schöpfergott dies alles geschehen? Wir Menschen wünschen uns auf diese Fragen eine Antwort, obwohl wir beim Nachdenken spüren, dass es keine allumfassende Antwort geben kann. Dies war zu Zeiten Jesu nicht anders. Auch er, den seine Jünger »Meister« nannten, wurde immer wieder aufgefordert, sich gegen das vermeintlich Böse aufzulehnen, gleiches Recht für alle zu schaffen und gegen die Besatzungsmacht der Römer mit Waffengewalt vorzugehen. Dahinter stand der Wunsch nach Freiheit und Gerechtigkeit, so wie wir es auch heute am Beginn des 21. Jahrhunderts an vielen Orten in der Welt beobachten. Bei genauerer Betrachtung und mit Blick auf die menschliche Geschichte wird deutlich, dass jedoch Unfreiheit und Unterdrückung, Ungerechtigkeit und Leid das menschliche Dasein dominiert haben. Und wie damals die Jünger Jesus bedrängten, so können wir auch heute als Glaubende fragen: Warum greift Gott nicht ein, warum lässt er all das zu? Warum gibt es keinen Sieg des Guten über das Böse?

Das Gleichnis von dem Mann, der Korn aussät und nicht damit gerechnet hat, dass sein Gegner kommt, um mitten in die Saat Unkraut zu streuen, wäre nun zu einfach und der jesuanischen Rede nicht gemäß gedeutet, wenn der Sämann der Menschensohn selbst wäre, sein Gegner das Böse, das Teuflische, der Satan, das Korn die Guten, das Unkraut die Bösen; die Arbeiter, die die Ernte einfahren, wären die Boten Gottes oder die Engel, die das Gute einsammeln,

Gott dafür danken und das Böse, das Unkraut, verbrennen und dem Teuflischen überlassen.

Nehmen wir einmal an, dass alles, was uns im Leben begegnet, so einfach aufzuschlüsseln wäre, dass wir wüssten, was gut und was böse ist, was von Gott kommt und was nicht. Nehmen wir weiter an, die ganze menschliche Geschichte würde uns vor Augen gehalten und wir hätten die Fähigkeit zu unterscheiden, was für Menschen gut und was schlecht ist. Was würde daraus folgen? Es wäre möglich – um im Gleichnis zu bleiben –, in das Kornfeld zu gehen, das Unkraut herauszureißen und das Korn stehen zu lassen. Jesus weist in seinem Gleichnis darauf hin, dass genau dies der falsche Weg wäre. Denn mit dem Ausreißen des Unkrauts würde vieles andere ebenfalls zerstört werden. Jesus macht deutlich, dass die menschliche Geschichte sich eben nicht so einfach aufschlüsseln lässt, dass wir irgendetwas abtrennen können und schon ist alles gut. Vielmehr wäre es so, dass das Trennen am Ende nicht Leben bewirkt, sondern eher Zerstörung und Vernichtung.

Es geht also darum, erst einmal beides wachsen zu lassen: das, was man als gut, und das, was man als schlecht empfindet, und somit auszuhalten, dass Entwicklungen längere Zeiträume beanspruchen. Wichtig ist, Geduld zu entwickeln und abzuwarten, was sich gerade in der individuellen Lebensgeschichte tut. Geduld und Abwarten kann vertrauensvolles Hoffen bedeuten, um den Dingen, die wir von Gott kommend bezeichnen, zu überlassen, wie sie sich ausgestalten. Wir sollten uns also davor hüten, uns zum Richter über Leben zu machen. Die klare Entscheidung des Richtens ist bestenfalls unter den Kriterien eines Strafgesetzbuches, das sich in Paragrafen aufschlüsselt, möglich, nicht aber, wenn es um das individuelle Leben eines Menschen geht und um das, was ihm in seinem Leben begegnet. Wenn Menschen beurteilen und richten und den Anspruch erheben, zu wissen, was gut und böse ist, dann verwüsten sie eher alles, als dass etwas wachsen kann.

Wenn wir uns mit dieser Perspektive unserem eigenen Leben zuwenden, wie vieles erscheint uns da als gefährlich oder zu Vernichtendes, nur weil es uns möglicherweise unbekannt ist oder weil wir mit Gefühlen konfrontiert werden, die wir nicht kennen. Im Erleben solcher Situationen können wir gar nicht wissen, was richtig und falsch ist. Und wir können keinen Maßstab dafür entwickeln, was oder wie wir weiterleben sollen, was also »gutes Korn« oder »Unkraut« ist. Wir wissen in der Regel in den Momenten, in denen wir mit der Entscheidung, welchen Weg wir weitergehen sollen, konfrontiert sind, nicht, was das rechte Maß ist. Ich habe viele Menschen kennengelernt, die ständig an sich herummäkeln, die sich kritisieren, die selten mit dem, was sie leisten, zufrieden sind, und häufig nichts an sich finden, worauf sie stolz sein können. Je deutlicher jedoch Menschen bei sich selbst zu trennen versuchen, was gut und schlecht ist, desto eintöniger und künstlicher wird ihr Leben. Häufig geht dann jede Kreativität, jede Neugier verloren.

Eine knapp 50-jährige Frau erzählte mir einmal, dass sie bei einem Wohnungsumzug ohnmächtig geworden sei. Während sie nach dieser kurzen Ohnmacht über die Gründe dafür nachdachte, war sie plötzlich über sich selbst entsetzt und bekam vor sich selbst Angst. Ihr wurde nämlich klar, dass einer der Angestellten der Umzugsfirma sie durch sein Arbeiten mit freiem Oberkörper so in eine erotische Erregung versetzt hatte, dass sie für einen kurzen Moment den Wunsch hatte, ihn zu verführen. Als sie mir dies erzählte, war spürbar, wie sehr sie sich wegen dieses Wunsches geschämt hatte und sich vor ihren eigenen Trieben und Wünschen fürchtete. Gleichzeitig verurteilte sie sich und hielt sich für eine unmögliche und unmoralische Frau. In dieser Situation brachen wohl unbewusst so viele Schuldgefühle und Ängste in ihr auf, dass sich ihr Bewusstsein für einige Sekunden weigerte, bei ihr zu bleiben.

Was aber war nun die Erkenntnis für sie aus dieser für sie schamhaften Situation? Sollte sie nach ihren moralischen Vorstellungen, die ihr als heranwachsendes Mädchen beigebracht wurden und die sie internalisiert hatte, strenger gegen sich vorgehen und sich alle Triebregungen verweigern? Sollte sie bildhaft mit einem Unkrautbekämpfungsmittel den Garten ihrer Seele betreten und alles, was aus ihrer Sicht triebhaft und unmoralisch ist, ausreißen und vernichten? Sinnvoller wäre es, wenn sie aus dieser Erfahrung lernen könnte, dass sie mehr Geduld mit sich selbst haben sollte und es einfach genießen könnte, dass sie einen attraktiven männlichen Körper begehrenswert findet. Sie könnte vielleicht auch erkennen, dass das Verführerische, das sie in sich trägt, durchaus lebenswert sein kann, dass die eigenen inneren Triebimpulse nicht zu verleumden und zu verleugnen sind, sondern dass sie gerade mit diesen Dingen den nötigen Spielraum zum Leben hat, um es kreativ und interessant zu gestalten. Für sie wäre es wichtig und sinnvoll, diese Lebendigkeit, die sie verspürte, zuzulassen und sich gegen die innere Leere, die das Ergebnis vieler Verdrängungen war, zu wehren. In vielen Fällen ist es nämlich eher so, dass sexuelle oder aggressive Triebimpulse, die zurückgedrängt werden und sich aufstauen, irgendwann ausbrechen und dann großen Schaden anrichten. Je mehr wir zu unterdrücken versuchen, desto mehr werden sich in uns Widerstände regen und desto ohnmächtiger werden wir uns selbst gegenüber sein.

Das, was wir heute Psychotherapie in tiefenpsychologischer Hinsicht nennen, besteht in nichts anderem, als das wachsen zu lassen, zu betrachten, zur Kenntnis zu nehmen und zu verstehen, was in unserem Inneren lebt und sich regt, und zwar mit einem unbedingten Vertrauen, dass das Gute in uns siegen wird. Nur: Woher bekommen wir dieses Vertrauen? Wir Christen erhalten über das Gleichnis eine Antwort: Wir sollten Gott im Ganzen zuversichtlich zumuten, dass er die Welt und uns selbst als einen Teil davon richtig und nicht falsch geschaffen hat. Alles, was in unserer Seele vorhanden ist und sich meldet, hat auch das Recht, gelebt zu werden. Es gibt keine Wunschregung, keine Fantasie, keine Neigung in unserem

Inneren, die nicht berechtigt wäre, zur Kenntnis genommen zu werden. Zu fragen ist lediglich, was in der Realität umzusetzen ist und was schöne Fantasie und Wunsch bleiben sollte. Um zu einer reifen Entscheidung zu kommen, ist die Unterscheidung wichtig, ob es sich um eine unreife narzisstische Fantasie handelt oder um eine Fantasie, die aus Angst nicht umgesetzt werden kann. Es ist eine entscheidende Erkenntnis und Lebenskunst, Dinge, die sich in unserem Inneren entfalten, nicht auszurotten und zu bekämpfen, sondern wachsen zu lassen. Auch Fantasien, Regungen und Wünsche, die sehr belastend sein können, zum Beispiel wenn es sich um Mordfantasien oder sexuelle Fantasien handelt, sollten an die Oberfläche gehoben und angeschaut werden. Wenn es sich dann um destruktive Fantasien handelt, die auf den Menschen selbst oder auch auf die Außenwelt gerichtet sind, so ist es wichtig, sich Hilfe zu holen und verstehen zu wollen, wo die Motive liegen.

Die Frage, was dann sinnvoll ist, können wir als Individuen nur für uns selbst beurteilen. Immer dann, wenn sich Menschen gegenseitig vorschreiben, was sie zu tun und zu lassen haben, wenn einer dem anderen sagt, was richtig oder falsch ist, wird er damit nichts Gutes bewirken, sondern vielmehr Widerstände hervorrufen und Unkraut säen.

Wie man nun die Geduld findet, innerlich alles wachsen zu lassen, was vorhanden ist, wie man das rechte Maß findet, das ist die Sehnsucht, deren Erfüllung wir häufig unser ganzes Leben nachjagen. Aber es gibt kaum ein anderes Gleichnis im Neuen Testament, das so viel Vertrauen in das individuelle menschliche Leben setzt, wie dieses, das so therapeutisch mit unserer Angst, mit unserer Unruhe, mit unserem Willen zur Perfektion und mit unseren moralischen Ansprüchen umgeht. Mit Recht wird also in diesem Gleichnis darauf hingewiesen, dass es nicht darum gehen kann, das scheinbare Unkraut auszureißen, sondern dass alles, was sich in unserer menschlichen Seele befindet, wichtig ist, betrachtet zu werden. Das im

Menschen Vorhandene verträgt keine Einschränkungen, keine Begrenzung. Es geht vielmehr darum, auch das, was uns bedrohlich erscheint, verstehen zu wollen und ins Bewusstsein zu heben. Es muss nicht mehr entschieden werden, ob etwas gut oder böse ist, sondern es geht darum zu verstehen, ob auch Negatives und vordergründig Belastendes zum eigenen Reifungsprozess einen wichtigen Beitrag leisten kann.

Wenn wir uns als Geschöpfe Gottes verstehen, wäre es einfach, daraus zu schließen, dass Gott offenbar einen lebendigen Austausch von allem wünscht, dass er keine klare Welt, keine reine Ordnung, die nach äußeren Gesetzen funktioniert, geschaffen hat. Es ist wichtig zu sehen, dass wir Menschen Wesen sind, die ständig unterwegs sind: Suchende. Nicht-Wissende. Sich Mühende. Unvollkommene, ständig umhertastend, um herauszufinden, was Irrtum und Wahrheit ist. Das ist jedoch auch das Spannende an unserem Leben. Und gerade heute sehen wir, dass der fanatische Wille der Guten, die menschliche Geschichte und nach Möglichkeit die ganze Natur von allem Negativen, von jedem Schatten, von jedem Unheil zu reinigen, genau das Gegenteil bewirkt. Fundamentalistische religiöse Strömungen in jeder Religion, die von sich behaupten, genau zu wissen, was Gott will, haben am furchtbarsten und grausamsten gewütet. Diesem Willen zum absolut Guten verdanken wir Heilige Kriege, die sogenannte Hexenverbrennung im Mittelalter, die Zerstörungen von Tempeln und religiösen Symbolen überall auf der Welt und durch alle Menschheitszeitalter. Im Namen der Reinheit werden die schlimmsten Säuberungsaktionen vorgenommen, die schlimmsten Verbrechen begangen, nimmt die Unbarmherzigkeit in der Welt zu. Das Schlimmste daran ist jedoch, dass Menschen dies häufig mit bestem Gewissen und aus guten Absichten taten und tun, weil sie glauben, auf der Seite der Wahrheit zu stehen.

Das gilt nicht nur für gesellschaftliche Gruppierungen, sondern findet sich auch im seelischen Erleben einzelner Menschen wieder.

Von klein auf hören viele Menschen auch heute noch: Wir müssen das Böse unterdrücken und beherrschen, jeden Tag moralisch einwandfrei leben, alles, was störend ist, niederhalten und verdrängen. Daraus entstehen »Unkraut« und Missgunst. Gott will, dass wir nichts auseinanderreißen, sondern gerade aus der Spannung, aus den Gegensätzen, aus den Widersprüchen reifen, am Leben teilnehmen und daraus das rechte Maß entwickeln.

Das rechte Maß zu finden heißt daher nach diesem Gleichnis: nichts ausreißen und nichts zerstören, was in uns vorgeht. Wir lernen, dass kein menschliches Problem dadurch gelöst wird, sich mit schwarz oder weiß, gut oder böse, richtig oder falsch zufriedenzugeben, sondern dass neben dem Positiven auch Negatives da sein darf, dass neben dem Korn auch Unkraut wachsen muss, damit sich das gesellschaftliche, aber auch das individuelle Leben sinnvoll entwickeln kann. Insofern ist es eine Grundaussage: Bei Gott darf alles wachsen. Wenn wir dieses Vertrauen in Gott haben, warum nicht auch in den Menschen, der eine in den anderen? Das Anerkennen, dass in uns und auch im anderen alles wachsen darf, schafft Beziehungen in Ehrlichkeit und Wahrheit, die ein kreatives und lebendiges Leben möglich machen.

Bernd Deininger

Die Mächtigen – als Täter und Opfer

MATTHÄUS 14,1-12 UND MARKUS 6,17-29

Johannes der Täufer gilt als Wegbereiter Jesu und als dessen Lehrer. In den Evangelien bei Markus und Matthäus werden die besonderen Umstände seines Todes mit einem dramatischen Akzent versehen, weshalb diese Geschichte eine starke und anhaltende literarische Verwertung erfuhr. Hier stehen sich große Gegensätze gegenüber: Es geht um Recht und Ordnung gegen Leidenschaft, um Körperlust gegen Tod, um Schönheit und Ästhetik gegen Brutalität und Grausamkeit, um verführerischen Tanz und bedrohlichen Absturz.

Die Figur der Salomé ist in den biblischen Quellen nicht begründet. Sie kommt aber namentlich bei dem bedeutenden Geschichtsschreiber des jüdischen Volkes, Flavius Josephus, vor. Er berichtet von einer Salomé in den »Antiquitates Judaicae«. Salomé bewegt sich innerhalb der komplizierten Beziehungen des Herodes-Hauses, die von Inzest und Mord geprägt sind. Ihre Mutter Herodias hat sich von ihrem ersten Mann Phillippus, einem Bruder des Herodes, getrennt und in zweiter Ehe Herodes geheiratet. Salomé entstammt ihrer ersten Ehe, der im biblischen Text beschriebene Herodes Antipas ist also nicht ihr leiblicher Vater, sondern ihr Stiefvater und Onkel. Herodes hat wegen der leidenschaftlichen Liebe zu Herodias seine erste Frau verlassen und seinen Bruder (eigentlich Halbbruder) verstoßen. An diese Genealogie des Herodes-Hauses, die von Flavius Josephus niedergelegt ist, knüpfen die Evangelisten an, verbinden die historische Salomé-Figur mit der Geschichte von

Johannes dem Täufer und bringen sie in einen unmittelbaren Zusammenhang mit dessen Enthauptung.

In der Erzählung werden zwei Grundmotive deutlich. Das erste ist der Konflikt zwischen Herodes und Johannes: der eine lebt im Luxus, der andere nimmt freiwillig Entbehrungen auf sich und wird so zum Propheten und Vorbild für viele Menschen. Das zweite und destruktivere Motiv ist die Feindschaft der Herodias gegenüber Johannes, die es dem Propheten verübelt, dass er auf den doppelten Ehebruch des Königspaares hinweist. Die biblische Erzählung geht zudem auf eine frühere Erzählung aus dem antiken Rom zurück. Der römische Schriftsteller Livius berichtete nach einer Anklageschrift des Cato, dass der Konsul Flaminius etwa 192 v. Chr. während des Krieges gegen die Gallier bei einem Mahl einen Gefangenen erschlug, um seinen Lustknaben das Schauspiel einer Enthauptung zu bieten. Das wurde in die Erzählung des Johannes auf die geeignete Konstellation in Judäa übertragen. Die weibliche Rolle in der biblischen Geschichte wurde auf zwei Personen verteilt: die intrigante Mutter und die bestrickende Tochter.

Den Kirchenvätern war Salomé ein Dorn im Auge. Ihr Tanz wurde als Warnung vor dem den Frauen zugeschriebenen Verführungspotenzial gedeutet. Johannes Chrysostomos beispielsweise wies darauf hin, dass Gott den Menschen die Füße nicht zum Tanz gegeben habe, sondern um damit auf dem rechten Weg zu wandeln. Augustinus gestaltete den Märtyrertod des Johannes aus. Herodias wurde zur bösen treibenden Kraft, die Tochter wurde dann in der späteren Dichtung mit einer grellen Leidenschaftlichkeit gezeichnet.

Ganz anders ausgedeutet wurde das Motiv in Oscar Wildes Tragödie »Salomé«: Das Schöne stellt sich im Bösen dar. In diesem Werk vollendet Wilde die Emanzipierung der Salomé-Figur zur existenziellen Außenseiterin und stellt sie an die Seite anderer jüdischer Schicksalsschwestern wie Judith und Dalila. Bei Wilde ist Salomé weder die Erfüllungsgehilfin ihrer Mutter noch Spielball der stiefväterlichen

Launen. Wilde zeigt die Bestrickung des Herodes durch Salomés Tanz. Tanz und Bitte geschehen also nicht auf Wunsch der Mutter, obgleich Herodias glaubt, dass Salomé ihr zuliebe die Forderung stellt, sondern Salomé tanzt in eigener Sache, um sich an Johannes, der sie abgewiesen hat, zu rächen.

Wer war nun dieser Johannes aus den Evangelien, dieser »größte aller Propheten«, wie Jesus ihn nannte? Er setzte sich mit verzehrender Leidenschaft für Recht und Ordnung ein und taucht in der Bibel im Habitus der altisraelitischen Propheten auf: einfach gekleidet, ohne den geringsten Luxus, ernährte er sich von Heuschrecken und Honigwasser. Er zog durch die Dörfer und Landschaften und wies die Menschen, die ihm begegneten, auf ihre Schuld vor Gott hin. Es ist zu vermuten, dass auch Jesus diesen Propheten traf, ihm gefolgt ist und ihn wohl anfangs als seinen Lehrer akzeptierte. In Johannes sprach ein Mensch authentisch davon, wie ein gottgefälliges Leben aussehen könnte. Er konnte glaubhaft vermitteln, dass Gott durch ihn spricht und in ihm in seiner menschlichen Gestalt lebendig wird. Der Hinweis auf die Schuld des Menschen spielte bei Johannes eine wichtige und tragende Rolle. Dies hat ihm letztendlich, wie oben erwähnt, auch die Feindschaft von Herodes und Herodias eingebracht.

Wir können uns Johannes und Jesus als Brüder vorstellen, die beide vom Geist Gottes erfüllt waren, die aber auch deutlich menschliche Züge in der Beziehung zu Gott, ihrem Vater, hatten. Das schärft den Blick für die psychische Seite des Johannes: Als er Jesus im Jordan taufte, öffnete sich der Himmel und die Stimme des Vaters sagte zu Jesus: »Du bist mein lieber Sohn, an dem ich Wohlgefallen habe«. Was mag in diesem Moment in Johannes, in diesem Fall dem psychologisch gesehen älteren Bruder, vor sich gegangen sein? Gab es Neidgefühle dem Jüngeren gegenüber, der vom Vater in dieser Weise bevorzugt wurde? Hat er aufkeimende Neidgefühle umgewandelt, indem er Buße und Schuld predigte, um so in ganz besonderer Weise dem Vater imponieren zu können und von ihm ein ähnliches Lob zu erhalten? Dann könnte dies auch als eine Abwehr eigener negativer Gefühle gedeutet werden, die aber zu ganz normalen seelischen Vorgängen gehören, wie sie bei jedem Menschen ablaufen.

Johannes sah große Teile der Gesellschaft, in der er sich bewegte, auf eine Katastrophe zutreiben. Er versuchte durch die Taufe Menschen aufzuwecken und zu einem neuen, von Gott geprägten Leben zu bringen. Er stellte sich den Messias wohl auch als einen unnachgiebigen Richter vor, der zwischen gut und böse, Heil und Verlorensein, zwischen krank und gesund unterscheidet. Aber der neue Messias, Jesus, setzt sich gegen die Moral des Täufers ab. Er steigert die Drohungen seines Lehrers nicht weiter, macht sich nicht zum Richter, sondern er stellt Barmherzigkeit und Liebe in den Vordergrund. Die unerhörte Größe Jesu, die über die drohende Gestalt des Täufers hinausführt, zeigt den göttlichen Willen als Arzt und als Heiler, nicht als einen Richter. Dennoch ist festzuhalten, dass das Wirken Jesu ohne den aufrüttelnden Johannes wohl nicht so verlaufen wäre. Insofern kann Johannes tatsächlich als der psychologisch gesehen ältere Bruder Jesu bezeichnet werden.

In der Passionsgeschichte des Johannes geht es im Kern um Recht und Unrecht. Zu dem Mächtigen, dem König Herodes, spricht er: »Du hast kein Recht, die Frau deines Bruders zu deiner Frau zu machen!« Da kommt vieles zusammen: Ehebruch, sozialer Inzest, Verletzung des Gesetzes, Unterdrückung von Menschen. Für einen Mann wie Johannes, der für Recht und Ordnung eintritt, darf es nicht sein, dass er, wenn es für ihn gefährlich werden könnte, zurückschreckt. Er müsste sich sonst den Vorwurf gefallen lassen, dass er den kleinen Leuten Moral predigt, doch nicht die Kraft und den Mut besitzt, seinen Worten auch bei den Großen und Mächtigen Geltung zu verschaffen.

Aber welcher Mächtige lässt es sich gefallen, dass er auf Unrecht, das er begangen hat, hingewiesen wird? Wann wären je die Herrschenden imstande gewesen, Fehler zuzugeben, womöglich noch in ihrem eigenen privaten Bereich? Wie wir es auch heute in unserer Zeit sehen, gelingt das nicht. Dabei spielt es keine Rolle, welche Art von Macht jemand besitzt. Es kann die Macht über ein politisches Amt sein, aber auch die des Geldes oder eines Wirtschaftskonzerns. Letztendlich gilt das für alle. Wir sehen es immer wieder: Wenn sich zeigt und an die Öffentlichkeit kommt, dass Menschen oder Unternehmen korrupt sind, vertuschen und verdrängen, bleiben die Möglichkeiten, zurückzutreten oder ins Nichts, ins Namenlose gestoßen zu werden. Eine dritte Möglichkeit ist, alles zu leugnen und um den Erhalt der Macht zu kämpfen. Viele beschreiten dann diesen Weg. Die Mächtigen werden so lange lügen, wie sie können, sie werden so lange intrigieren, wie sie müssen, und immer mehr mit ihren eigenen Taten verschmelzen. Die biblische Geschichte bildet also in vielerlei Hinsicht die aktuelle Situation in weiten Bereichen der Welt ab.

Herodes ist als Herrscher eigentlich willens, Johannes umbringen zu lassen, hat aber Angst vor seinem Volk, Angst, gegen den Willen der Mehrheit öffentlich eine Handlung zu vollziehen, die ihn in Misskredit bringen kann. Was die Menge denkt, hat offensichtlich auf die Machthaber einen entscheidenden Einfluss. Häufig wird deshalb die Macht überschätzt, die Menschen sich selbst zuschreiben, wenn man nicht versteht, wie abhängig gerade die Herrschenden vom Urteil der Masse sind. In König Herodes verdichtet sich eher die Schwäche als die vermeintliche Stärke der Macht. Daneben erscheint Herodias in der Erzählung als die wirkliche Antreiberin, als die eigentliche Verführerin. Die Hinrichtung wird von ihr berechnend mit einer skrupellosen Zielstrebigkeit in Szene gesetzt.

Was kann für diese Frau aber ein tieferliegendes, psychologisch erklärbares Motiv gewesen sein? Wäre es zum Beispiel denkbar, dass diese Frau in ihrem tiefsten Inneren von einer leidenschaftlichen Liebe zu ihrem jetzigen Mann und Partner getrieben wurde? Wenn dies so wäre, dann müsste man eine Vorgeschichte zu ihrem Ehebruch denken. Könnte es so gewesen sein, dass sie in einer jahrelang unglücklichen Ehe gelebt hat, einen Mann wählen musste, den sie nicht liebte, weil man ihn ihr aufzwang, sie in dieser Ehe immer mehr verkümmerte und merkte, dass sie innerlich zu sterben begann? Als sie dann ihre Leidenschaft dem Halbbruder gegenüber spürte, hat sie vielleicht einen Entschluss gefasst, alle alten Bindungen hinter sich zu lassen und sich in ein Abenteuer zu stürzen, wie sie es bislang nicht kannte. Wenn dies so wäre, dann hätten wir eine Frau vor uns, die es in ihrer Verzweiflung gewagt hat, alles auf eine Karte zu setzen; sie wäre dann nicht hinterhältig oder verbrecherisch, sondern eher mutig und entschlossen.

Aber jetzt, wo sie alles erreicht hat, wofür sie gekämpft und viel riskiert hat, fühlt sie sich vom Täufer bedroht und ihrer neuen Existenz beraubt. Was hat denn dieser Moral predigende Mann für ein Recht, in den Zentren der Macht zu agieren und das Volk zum Widerstand aufzuhetzen? Wie kommt er dazu, sich in ihr Privatleben einzumischen und sie moralisch zu verdammen, wo er doch keine Ahnung von ihrer Vorgeschichte hat? Da drängt sich jemand in eine Sphäre, in die er nicht hineingehört, in der er nichts verloren hat. Wenn man die Figur der Herodias so betrachtet, würde alles etwas verständlicher. Weil er ihre Liebe bedroht, hasst Herodias den Täufer. Sein radikaler Moralismus gefährdet ihr mühsam aufgebautes Lebensglück. Um die Empfindungen, die Triebe und Affekte noch besser zu verstehen, muss man hinzufügen, dass Herodias durchaus weiß, dass sie gegen Ordnung und moralische Vorgaben verstoßen hat und eigentlich spürt, dass Johannes mit seiner Kritik richtig liegt.

Was passiert aber, wenn es nicht wahr sein darf, was geschehen ist, wenn der Betroffene mit diesen Wahrheiten überhaupt nicht leben kann? Wenn er, um weiterleben zu können, die Gefühle von Schuld und Vorwurf zur Seite schieben muss? Wie geht es Menschen, die in ein wirkliches Leben, in dem sie eine Chance haben, glücklich zu werden, nur um den Preis der Schuld eintreten können und hinter ihre Entscheidung dazu weder zurück wollen noch zurück können?

Und dann stehen sie einem Menschen gegenüber, der nicht aufhört zu sagen: »Ehe sich diese Tatsache in deinem Leben nicht ändert, kann nichts in Ordnung kommen. Du kannst so nicht weiterleben, du musst wieder zurück«. Es gibt aber kein Zurück. Das versteht dieser Mensch mit seiner Moral und seiner Rechthaberei jedoch nicht. Was weiß er schon von der Liebe und den Gefühlen einer vernachlässigten und unglücklichen Frau? Er kennt keine tiefergehende Beziehung zu einem anderen Menschen, weil er asketisch lebt und nur Moral und Ordnung gelten lässt.

Es gibt auch noch weitere Tatmotive, zum Beispiel bei Herodes selbst. Er wollte eine Frau, mit der er eine leidenschaftliche Liebe leben kann. Warum also sollte er diese Frau öffentlich beleidigen lassen? Diesem Mächtigen fällt es jedoch schwer, sich mit der Schuld auseinanderzusetzen, die er auf sich geladen hat, als er die Frau seines Bruders zur Geliebten und Gattin nahm. Er versteckt sich hinter den Frauen, schiebt die Entscheidung Herodias und ihrer Tochter zu.

An dieser Stelle kommt dann die junge Frau in die Geschichte. Sie fordert den König zu einem Verbrechen auf, an dem sie selbst eigentlich kaum ein Interesse hat. Sie ist lediglich gehorsam ihrer Mutter gegenüber und fordert den Kopf des Täufers aus der Treue eines Kindes zu seiner Mutter. Aber es geht auch um mehr. Die Kulturgeschichte hat gezeigt, dass in Dichtung, Musik und Malerei der Tanz der Salomé in seiner morbiden Laszivität aufgegriffen und entsprechend dem Zeitgeschmack interpretiert worden ist. Die Tochter der Herodias wurde zum Inbegriff der tödlichen Macht weiblicher Verführung. Die Angst vor der kastrierenden Frau und die Sehnsucht nach der Kindfrau verschmelzen hier zu einem faszinierend-gruseligen Albtraum. Der weibliche Eros, der in Salomé Gestalt gewinnt, mobilisiert die männliche Lust zur Zerstörung, die Grausamkeit des Begehrens und den tödlichen Wunsch, zu besitzen.

Salomé bleibt die mächtige Verführerin, die ihrer Mutter zeigt, dass der lüsterne Stiefvater eigentlich lieber zu ihr ins Bett steigen würde als zu seiner alternden Gattin. Unter dem Mantel der Treue des Kindes zu seiner Mutter zeigt sich die Rivalität zwischen Frauen, die gnadenlos mit ihrer erotischen Kraft versuchen, sich gegenseitig auszustechen. Dieser ödipale Konflikt wird über den biblischen Text hinaus insbesondere in Oscar Wildes Tragödie dargestellt.

Werfen wir nun noch einmal einen Blick auf die gesamte Motivkette der Akteure dieses biblischen Dramas: Am Anfang steht die Schonung des Täufers aus der Angst des Königs vor der Meinung der Masse. Dann gibt es den Mut zum Ehebruch aus einer nicht erfüllten Liebe, entwickelt sich Hass auf den Menschen, der die Moral einklagt, um ein Leben zu schützen, das nie mehr in Ordnung kommen kann. Ein Eid wird geschworen, der wie ein Zwang wirkt, am Ende das zu tun, was man versprochen hat, und daraus entsteht eine Geschichte, in deren Mitte Menschen stehen, die vieles eigentlich nicht wollten, was sich so dramatisch ereignet hat. Sie sind sowohl Opfer als auch Täter, Getriebene ebenso wie Treibende.

Wie können wir nun in einer Welt zusammenleben, in der es Menschen gibt wie Herodes, Herodias, Salomé und all die anderen, die exemplarisch für unsere heutige Zeit stehen? Ein Weg wäre die Haltung Jesu, die uns eine andere Sichtweise ermöglicht. Stellen wir uns vor, es gäbe keine Vorwürfe mehr, nicht länger das Drohen mit erhobener Faust, sondern wir würden die Menschen, die Schuld auf sich geladen haben, über eine längere Zeit begleiten. Herodias zum Beispiel müsste lernen, wie sie ihr Glück in der Liebe finden kann, sodass es für sie innerlich stimmt. Sie müsste Spielräume für ihre Gefühle zulassen, damit sie spürt, mit sich im Einklang ist und in Verhältnisse hineinfindet, die sie wirklich leben lassen. Ist es so einfach, dass wir sagen: Ehebruch ist Ehebruch und Wiederheirat ist Sünde? Kann man so urteilen, ohne irgendetwas aus der Vorgeschichte der jeweiligen zu wissen? Was geht in einer solchen Frau vor? Wenn man danach nicht fragt, versteht man weder den Menschen noch das, was Gott im Umgang mit Menschen meint.

Und wie bringt man einen Menschen wie Herodes dazu, nicht ständig auf die Wahlumfragen des nächsten Wochenendes zu schielen und zu registrieren, was die Masse denkt und von ihm erwartet? Wie führt man ihn dahin, dass er selbst ein Mensch ist, der aus dem eigenen Inneren entscheidet, der aus eigener Überzeugung lebt, der als Erstes sich selbst Befehle zu geben vermag?

Und schließlich: Wie bringt man Salomé dazu, eine unabhängige Frau zu werden und nicht nur die Erfüllungsgehilfin ihrer Mutter zu bleiben oder die Kurtisane ihres Stiefvaters? Was kann man tun, damit sie Menschen nicht in die Enge treibt, sondern eine Liebe entwickeln kann, die sie mit Stolz erfüllt, statt sich missbrauchen zu lassen?

Offensichtlich lebt keiner von diesen Menschen im Bannkreis der Macht wirklich selbst, das ist das Bedrohliche, das damals und heute Gesellschaften belastete und belastet. Dass jeder auf gewisse Weise innerlich tot war, ehe er selbst anfing zu töten, das ist das Furchtbare.

Damals wie heute bedarf jeder der Akteure eines langen Prozesses seiner eigenen individuellen Erlösung. Deshalb ist Jesus hinzugekommen. Er verkündete nicht die klaren gesetzlichen Anweisungen wie sein Lehrer Johannes, sondern warb für Güte, Verstehen, Mitleid, Reifung, Geduld, für angstfreie Selbstständigkeit. Aber genau das ist für viele Mächtige genauso schwierig wie die Moral- und Gesetzespredigt des Täufers. Doch nicht nur für die Mächtigen ist die Lehre Jesu bedrohlich, sondern für jeden von uns. Fühlen wir uns nicht am Ende auch in unserer eigenen Persönlichkeit bedroht? Ist es nicht für jeden von uns wichtig, dass wir uns mit unseren Schuldgefühlen auseinandersetzen, die im Lauf unseres Lebens aufgetaucht sind? Es ist ein langer Prozess, den wir alle, jeder von uns, zu durchlaufen haben. Das ist es, was uns die Geschichte von der Passion des Johannes aufzeigt: dass Gott uns die Möglichkeit gibt, diesen Weg zu gehen, dass es wahrhaftiger ist, sich mit seinen Gefühlen auseinanderzusetzen, als sich unter eine äußerliche Moral zu stellen, die gegen jede seelische Struktur gerichtet ist. Lassen auch wir uns durch die Botschaft Jesu an die Hand nehmen und begleiten, damit wir unsere Angst verlieren und uns auf den Weg der persönlichen Reifung machen.

Bernd Deininger

Das Eigene und das Fremde verstehen

MATTHÄUS 21,28-32

Im Gleichnis von den ungleichen Söhnen geht es sozusagen um äußere und innere Wahrheiten. Heuchler nennt man Menschen, die anders reden als sie handeln. Man kann davon ausgehen, dass diese in ihrem Inneren wissen, was das richtige Verhalten wäre, aber aus Bequemlichkeit oder weil sie Kritik vermeiden wollen, von der Wahrheit abweichen. Vielen ist bekannt, dass schnelles Ja-Sagen häufig aus Angst vor Konflikten geschieht. Auch in Partnerschaften geht es manchmal darum, dass man »um des lieben Friedens willen« etwas sagt, das man eigentlich gar nicht sagen oder tun wollte. Das gilt jedoch auch für das schnelle Nein-Sagen. Auch dabei kann es um das Vermeiden von Konflikten gehen, oder weil man sich in die Enge gedrängt fühlt.

In diesem Gleichnis weist Jesus darauf hin, dass Menschen unwahrhaftig sind, ohne das Gefühl zu haben, bewusst zu lügen. Es gibt aber viele Situationen in unserem Leben, in denen Widersprüchliches auftaucht, gerade das vordergründig Widersprüchliche jedoch das in Wahrheit Richtige ist. Viele Menschen wollen zum Beispiel von Gott nichts wissen, bezeichnen sich selbst als Atheisten. In Wahrheit und bei Betrachtung ihres Lebens stehen sie dem wirklichen Tun nach Gott weit näher als diejenigen, die sich als Christen bezeichnen und vorgeben, in seiner Wahrheit zu leben. Häufig handelt es sich dabei jedoch nur um das Bekennen in Worten, aber nicht um das Handeln unter dem Vorzeichen von Nächstenliebe und dem Wunsch nach Gerechtigkeit für alle Menschen.

Beispielhaft möchte ich dies kurz an drei bedeutenden Menschen sichtbar machen. Arthur Schopenhauer, ein großer deutscher Philosoph, lebte von 1788 bis 1860. In seinem philosophischen Denken vertrat er auch atheistische Thesen. Ein wesentlicher Gedanke bei ihm war: Der Gott der Christen ist in sich unglaubwürdig, weil er das Leid der Kreaturen nicht wirklich ernst nimmt. Er beobachtete an seinen Zeitgenossen, dass diejenigen, die sich als Christen bezeichnen, sich selbst alle Rechte gegenüber jeder anderen Religion gaben. Darüber hinaus setzten sie den Menschen über andere Kreaturen wie Tiere und Pflanzen. Ein solcher Gott, der den Menschen zum Rechthaben aufruft, schien für Schopenhauer ein einziges Unrecht zu sein. Er stellte fest, dass ihm die Götter der Inder bedeutend näher sind. Er fand, dass ein wirkliches Gefühl, das einen Regenwurm vor der Sonne schützt, ein Reh vor dem Jäger rettet, ein Rind von seinem Schlachter befreit, mehr wert ist als alle Gebete, die einen Gott preisen, der Tod und Gewalt erlaubt und rechtfertigt.

Anfang des 20. Jahrhunderts hat dann der große Arzt und Theologe Albert Schweitzer wesentliche Gedanken Schopenhauers in sein eigenes Leben übernommen. Er beschäftigte sich in seiner Habilitationsschrift mit der Leben-Jesu-Forschung, erkannte aber relativ bald, dass er so nicht weitermachen wollte. Gerade dadurch fand er zu der Wirklichkeit, die sich in der Sprache Jesu in den Evangelien zeigt. Und so entschied er eines Tages, dass es besser sei, in Afrika Menschen zu helfen, als sich in Lehrstreitigkeiten über den historischen Jesus hineinzubegeben.

Einen anderen Zugang zum Menschsein eröffnete am Beginn des 20. Jahrhunderts Sigmund Freud. Er bezeichnete sich selbst als Atheisten, genauer gesagt als einen ungläubigen Juden. Dennoch hat er bis zum Ende seines Lebens mit der Frage nach Gott gerungen. In seiner letzten großen Schrift »Der Mann Moses und die monotheistische Religion«, die er erst kurz vor seinem Tod beendete, beschäftigt er sich intensiv mit der Frage nach dem, was man im jüdischen Glauben Gott nennt. Es hatte ihn also nie losgelassen. Dennoch legte er in einem Vortrag über Telepathie noch einmal dar, dass er nicht die Neigung vieler alter Leute teile, sich in abergläubische Gedanken zu flüchten, sondern das bleibe, was er von sich immer glaubte – ein ungläubiger Jude zu sein.

Sigmund Freud hat mit seiner Position über viele Jahrzehnte Kritik bis hin zum Hass vonseiten konservativer Theologen auf sich gezogen. Den aufgeklärten Atheismus Freuds hat man zumindest am Anfang des 20. Jahrhunderts nicht vertragen. Wenn man allerdings genauer hinsieht, so hat Freud etwas entdeckt, das weit tiefer religiös ist als die Frömmigkeit vieler, die sich als gottesfürchtig bezeichnen: Freud verstand schon sehr früh, dass im Namen Gottes viel Angst unter den Menschen gesät worden war. Er beobachtete, dass Menschen, die von Gott reden, dabei häufig unbewusst die Erinnerung an ihre Eltern aufgreifen. Er stellte fest, dass viele in dem, was sie Religion nennen, eine bestimmte Form von infantiler Abhängigkeit entwickeln. Letztendlich diente die Religion dazu, Menschen in ihren Verdrängungen zu halten, damit sie gute und pflegeleichte Kinder bleiben. Gerade jene, die in ihren Ängsten gefangen bleiben, keine eigene Meinung entwickeln, die sich für andere aufopfern, aber am eigenen Leben vorbeileben, haben im kirchlichen und gesellschaftlichen System häufig eine gute Stellung. Diese Art von Opferhaltung war schon immer wichtig, um Machtverhältnisse zu zementieren. Dass der Einzelne dabei aber psychisch auf der Stelle tritt und keine eigene Position zum Leben finden kann, ist die Kehrseite. In vielen dieser »Opfer« sah Freud eine Art von Vater-Religion, von verinnerlichter Gewalt am Werk, und er wünschte sich, dass die Menschen dies überwinden könnten. Freud erklärte einmal, er tue in seinem Leben nichts von dem, was der Vatergott der Bibel oder was der Christus der Kirche möchte. In Wirklichkeit leistete er zur Befreiung der Menschen einen größeren Beitrag, als viele Pfarrer und Theologen dies bis in unsere Tage hinein tun.

Freud tat tatsächlich im Sinne Jesu, was man tun soll: Menschen aufrichten, sie frei machen, entängstigen, erwachsen werden lassen. Was Freud mit seiner psychoanalytischen Arbeit versuchte und wollte, war menschlich und daher ganz im Sinne Jesu. Es war religiös betrachtet sicherlich richtiger, als sich immer weiter in Ängste vor Autoritäten, vor Triebimpulsen und dem eigenen Ich zu vergraben. Unter diesem Aspekt hat Freud mit der Entwicklung der Psychoanalyse jedenfalls etwas in Gang gebracht, was unter dem Blickwinkel Jesu ein wichtiges Tun für Menschen ist, nämlich anderen die Angst zu nehmen vor ihren eigenen Wünschen und Vorstellungen. Letztendlich wäre so auch ein Mann wie Sigmund Freud, der sich selbst als Atheist verstand, in seinem Handeln und Denken ein Mensch, der die Sache Jesu hervorragend vertrat.

Wenn von Gott die Rede sein soll, dann muss diese Rede Eingang finden in die Nacktheit und Ungeschütztheit unseres Lebens. Wenn es ernsthaft so ist, dass alle Menschen gleich sind und jeder ein Geschöpf Gottes ist, dann muss es den Ausgestoßenen und Verzweifelten eine Hilfe und Stütze sein wie den Huren und Zöllnern in unserem Text. Ich kann mich als Mensch auf die anderen Mitmenschen dann einlassen und ihnen offen begegnen, wenn ich mich selbst kenne. Das heißt, wenn ich offen dafür bin, was in mir selbst innerlich vorgeht. Dann kann ich mich den inneren Vorgängen des anderen stellen und versuchen zu verstehen, was ihn belasten und ängstigen könnte. Die wichtigste Frage sollte nicht sein: Was solltest du tun?, sondern: Wie fühlst du dich? Was bewegt dich? Was geht in dir vor? Was wünschst du dir? Was glaubst du? Was sind deine Ziele? Wie siehst du dich selbst? Um Antworten darauf zu finden, brauchen Menschen Begleitung und Hilfe. Das wäre eine Möglichkeit, in Beziehung zu treten und Nähe aufzubauen. Und es wäre auch ein Weg zu Gott, der sich im Inneren des anderen Menschen zeigt.

Es kommt in unserer Zeit häufig vor, dass Menschen von Gott nichts mehr hören wollen, weil sie damit Verurteilungen, Schuldgefühle und Vorwürfe verbinden und daher mit Gott nichts mehr anfangen können und wollen. Gerade Menschen, die daran glauben, dass sie ein Recht haben zu leben, dass sie nicht nur schlechte und sündige Menschen sind, sondern anerkennen, dass sie Gott so geschaffen hat, wie sie sind, können mit den traditionellen kirchlichen Vorstellungen von Sünde und Schuld nichts mehr anfangen.

Im Gleichnis sagt Jesus, Zöllner und Huren kommen in das Himmelreich. Dies ist ein einzigartiges Plädoyer für die Verzweifelten, für die Ausgestoßenen, für die Menschen, die oft keinen Weg mehr sehen, wie sie ihr Leben in Ordnung bringen sollen. Daneben ist es aber auch eine Anklage derjenigen, die alles, was sie tun, für richtig halten, die sich auf Kirche und Gott berufen, die Gesetze über Mitleid, Verständnis und Güte stellen. Was in dem Gleichnis gesagt wird, stürzt alle Ordnungen um. Das ist aber auch das Entscheidende, das im menschlichen Leben etwas zu verändern vermag. Althergebrachte Moralvorstellungen müssen hinterfragt werden. Die Modelle von Partnerschaft und Familie, die über Jahrhunderte auf der Ehe zwischen Mann und Frau gründeten, müssen überdacht und neu definiert werden. In Politik und den Vorstandsetagen von Großkonzernen muss wirkliche Gleichberechtigung geschaffen werden. Auch der Sinn von hierarchischen Ordnungen in Institutionen muss auf den Prüfstand. So wie sich Jesus in seiner Zeit auf die Seite von Entrechteten und Entmutigten stellte, ist das heute unsere Aufgabe als Christen, wenn es um Rassismus, Antisemitismus und Ausgrenzung geht.

Für Jesus gibt es nur eine Sprache Gottes, das ist die Gnade und die Güte, und was in ihr nicht lebt, stammt in seinen Augen nicht von Gott. Insofern ist im Sinne Jesu Leben ein Aufruf zum Mitleid, zum Erbarmen und der grenzenlosen Offenheit, verstehen zu wollen, was im anderen vorgeht. Es ist der Aufruf zur endgültigen Weigerung, irgendetwas zu be- oder verurteilen. Tiefenpsychologisch gesehen bedeutet verurteilen, dass wir uns bloß noch nicht genug Mühe gegeben haben, es wirklich zu verstehen. Solange wir aber sagen, dass wir etwas nicht verstehen, sagen wir letztendlich nur, dass wir uns selbst noch nicht genügend kennen. Selbsterkenntnis ermöglicht, auch anderes zu erkennen. Letztendlich ist die Selbsterkenntnis aufs Engste mit Gotteserkenntnis verknüpft.

Scheitern ist kein Zerbrechen, kein Verlieren, wenn es mit etwas Richtigem verbunden ist. Die Herausforderung des Widerspruchs ist nicht falsch, wenn wir daran reifen und erwachsen werden. Das Leben ist lebenswert, wenn wir in Beziehungen sind, ohne mit richtig oder falsch bewertet zu werden, sondern einfach angenommen sind, wie wir sind und wie uns Gott geschaffen hat.

Bernd Deininger

Wer Sicherheit sucht, wird sie verlieren

MATTHÄUS 25,14-30

Der biblische Text löst beim Leser vielleicht zunächst Aversionen und das Gefühl von Ungerechtigkeit aus. In der Regel hat man Sympathien für den dritten Knecht, der in dieser Erzählung doch sichtbar zu kurz gekommen ist: Er hat nur ein Talent bekommen und wird dafür auch noch bestraft. Die beiden anderen tüchtigen Knechte stehen gegenüber dem mutlosen dritten Knecht in deutlichem Kontrast. Im Wesentlichen dient die Erzählung jedoch dazu, deutlich zu machen, was im dritten Knecht vor sich geht. Einzig um ihn geht es wirklich. Insofern muss gefragt werden, für was er symbolhaft steht.

Die Gefühle dieses Mannes werden in wenigen Strichen außerordentlich eindrucksvoll gezeichnet. Es soll bewusst der Eindruck erweckt werden, dass es sich hier um schreiendes Unrecht handelt. Man könnte jedoch auch fragen, ob dieser Mensch wirklich nicht ganz recht gehandelt hat. War er nicht in seinem Verhalten und seinem Einhalten von Vorschriften eigentlich auf dem richtigen Weg? Die anderen beiden werden wesentlich besser ausgestattet als er. Woran liegt das? Verdient er nicht mehr? Lohnt es sich nicht, in ihn zu investieren? Gibt es Misstrauen ihm gegenüber? Kann man nicht verstehen, dass er sich innerlich verweigert? Oder, anders ausgedrückt, geht er nicht auf Nummer sicher, wenn er alles vergräbt, sodass es ihm niemand mehr entwenden kann? Steht dieser Mann deshalb nicht symbolhaft für Menschen, die Angst haben, dass sie das Wenige, das sie besitzen, verlieren, dass sie deshalb großen Wert darauf legen, alles zu bewahren und nichts riskieren wollen? Wenn das so ist, kommt es darauf an, den Zusammenhang von Minderwertigkeitsgefühl und Sicherungstendenz im Verhalten dieses Mannes zu verstehen, um damit die Aussageabsicht dieser Geschichte zu erhellen.

Viele Menschen kennen das Gefühl, von Beginn an im Leben benachteiligt zu sein. Kinder, die in prekären Verhältnissen aufwachsen oder zu Hause Gewalt und Vernachlässigung erfahren, haben tatsächlich schlechtere Startbedingungen gegenüber anderen. Zudem beginnt mit dem Eintritt in die Schule in vieler Hinsicht das Vergleichen, ob es dabei um den finanziellen oder intellektuellen Hintergrund oder um Lebenschancen oder Attraktivität geht. Aus dem Vergleich mit den anderen entsteht häufig das Verhalten, sich selbst hintanzustellen oder das zu tun, was die anderen wollen, um doch etwas Anerkennung zu erhalten. Dahinter stehen das Gefühl und die Angst, nichts wert zu sein, und damit steht ihre ganze Existenz infrage. Viele Menschen leben jahrelang mit dieser Angst. Alle anderen erscheinen ihnen riesig und mächtig, das eigene Ich aber als winzig und klein. Die anderen, das sind stets die, die gute Startmöglichkeiten hatten, die intelligent und attraktiv sind, die sich eloquenter darstellen können. Das kann die ältere Schwester, aber auch der jüngere Bruder sein. Das können Klassenkameraden sein oder Mitarbeiter am Arbeitsplatz oder der eigene Partner. Sogar die Kinder können zum Gegenstand eines dauernden Vergleiches werden.

Was kann man dagegen tun? Das ist eine Frage, die in der Erzählung im Matthäusevangelium auftaucht. Eine einfache Antwort gibt es in der Geschichte erst einmal nicht. Eher wird deutlich, was die Konsequenz ist, wenn ein Mensch sich einer Haltung der Mutlosigkeit und der Angst unterwirft. Der dritte Knecht, der sich verweigert, und zwar, auf sein Leben bezogen, ganz radikal, hat verinnerlicht, dass er immer zu kurz kommt und nichts erreichen kann. So entsteht aus der Angst zu versagen ein Lebensgefühl, das so stark von Angst bestimmt ist, dass er sich nichts Neues mehr zutraut.

Nun geht es darum, diesem Menschen aufzuzeigen, wovor er wirklich Angst haben sollte: aus dieser inneren Einstellung nicht mehr herauszukommen. Man kann sein ganzes Leben lang klagen und jammern, dass man zu wenig mitbekommen hat, dass man minderwertig und zu klein ist und dass das Schicksal ungerecht ist. Das führt dann tatsächlich dazu, dass man am Ende nichts mehr in Händen hält, dass sich beim Blick auf das eigene Leben eine Leere einstellt, und sich das Gefühl, am Leben vorbeigelebt zu haben, breitmacht. Es hilft, sich klarzumachen, dass die Angst vor Versagen und das Gefühl, zu kurz gekommen zu sein, genau dazu führt: am Leben vorbei zu leben. Dann werden wir feststellen, dass wir uns mit dieser Einstellung uns selbst gegenüber verachten, aber wir auch im christlichen Sinn das, was Gott uns als Lebensgrundlage gegeben hat, nicht annehmen wollen beziehungsweise es für minderwertig halten. Jeder Irrtum, jedes Versagen, jede Schwäche kann bewältigt werden. Doch wenn ein Mensch dabei bleibt, sich aus seiner Angst heraus abzulehnen, kommt es schließlich wirklich so, wie er es sich immer ausgemalt hat, dann bestraft ihn das Leben damit, dass es sich selbst fallen lässt und sich verweigert. Wir haben aber immer die Möglichkeit, uns anders zu entscheiden. Auch zu kurz gekommene und benachteiligte Menschen können etwas riskieren, etwas wagen und sich einbringen. Die Geschichte ist also eine Ermutigung, aus der Angst und der Verzweiflung heraus etwas zu wagen, als einzige Möglichkeit, die Angst zurückzudrängen.

Es bleibt dennoch fraglich, ob der Appell der Angst gegen die Angst wirklich hilfreich ist. Wie viel persönliche Begleitung und Zuwendung braucht ein Mensch, ehe er es schrittweise lernt, an seine eigenen Fähigkeiten und Möglichkeiten, an seine Attraktivität, seinen Verstand, an seine Person zu glauben? Das ist das Entscheidende, denn ein Konkurrenzdenken löst keine Probleme. In der Geschichte von Kain und Abel wird dies ja besonders drastisch ausgeführt. Da hat der Vergleich mit dem anderen, das Gefühl, zu kurz gekommen und benachteiligt zu sein letztendlich in die Katastrophe geführt.

Die natürlichen Unterschiede zwischen den Menschen werden plötzlich unüberwindbar und inakzeptabel, wenn es um das verzweifelte Ringen um Liebe und Anerkennung geht. Jeder Unterschied wird dann als ungerechte Bevorzugung erlebt. Das eigene unsicher gewordene Selbstwertgefühl wird durch den Vergleich und die Konkurrenz noch unsicherer, daher versucht man andere, die einem besser erscheinen, zur Seite zu drängen, um an ihre Stelle zu rücken. Die tödlichen Auseinandersetzungen und die grausamen Spannungen und Rivalitätskämpfe, die es zwischen Menschen gibt, lassen sich auf diesen Grundkonflikt zurückführen: sich selbst im Vergleich mit dem anderen als geringer zu betrachten. Die Bibel meint – und das wird in der Geschichte von Kain und Abel deutlich –, dass es ein Urproblem der Menschen ist, sich mit den anderen zu vergleichen und in Konkurrenz zu treten und damit das Eigene nicht mehr wahrzunehmen. Wenn dem so ist, wie lässt sich dann ein Ausweg finden?

Die Antwort, die uns die biblische Geschichte gibt, personifiziert sich in der Gestalt des widersprüchlich erscheinenden Herrn der drei Knechte. Er stellt klar, dass er mit all den Dingen, die die Knechte für ihn erworben haben, zufrieden ist. Er wäre es deshalb auch gewesen, wenn der dritte Knecht ihm nur einen einzigen Taler erworben hätte. Der dritte Knecht beschäftigt sich nicht mit dem, was er an Talenten selbst zugesprochen bekommen hat, sondern bleibt in seiner Angst und im Vergleich mit den anderen stecken.

Auf Religion bezogen kann das heißen: Gott verlangt nichts Unmögliches. Der Eindruck, zu wenig zu leisten und zu sein, entsteht nur, wenn man ständig auf die anderen schaut und glaubt, dass sie vermeintlich mehr haben. Es geht aber darum, nicht das Leben anderer Menschen zu führen, es genügt völlig – und das wäre die einzige wirkliche Aufgabe –, sein eigenes Leben zu führen, mit all den Chancen und Möglichkeiten, die uns anvertraut wurden. Sicherlich kann man sich immer wieder umschauen und versuchen, sich mit anderen Menschen zu messen. Dann wird aber stets die Frage auftauchen: Wer ist besser oder schlechter? Wer kann mehr? Und immer wird man zwischen Überheblichkeit und Selbstzerstörung hin- und hergerissen sein. Es wird nicht gelingen, in Ruhe sein eigenes Leben zu führen. Stets wird uns die Angst vor den anderen, vor den Rivalen, von uns selbst ablenken.

Mangelnde Gerechtigkeit gibt es nur im Vergleich zwischen Menschen, im Bereich des Endlichen. Vor Gott aber lassen sich keine Forderungen einklagen. Deshalb gibt es diesen einen Weg, um zu uns selbst zu finden, um ein Leben in Zufriedenheit führen zu können: sich unmittelbar auf die Größe zu beziehen, der wir alles verdanken, was wir sind. Unrecht geschieht nur unter Menschen, die diese Tatsache, aus welchem Grund sie stammen, aus den Augen verloren haben. Aus der Perspektive Gottes, so scheint es, sollte der Mensch nur das tun, was er kann. Er sollte nur der sein, der er ist, und annehmen, was ihm anvertraut und in ihm angelegt ist. Das belastendste Unrecht, das ein Mensch sich in seinem Leben zufügen kann, ist, sich nach den Maßstäben anderer zu messen und dann dem Schöpfer vorzuwerfen, dass er nicht ist wie die anderen. Aus diesem Denken resultiert der Mangel an Mut, das eigene Leben in die Hand zu nehmen, und das Misstrauen gegenüber anderen Menschen, die als Gegner und Feinde erlebt werden.

Auf unsere Zeit heute bezogen finden wir im Matthäusevangelium an dieser Stelle einen Appell zur Selbstfindung von Gott her. Es handelt sich in dieser Geschichte um einen Versuch, auf die fundamentale Fragestellung nach dem menschlichen Dasein zu antworten, die mit der dramatischen Rivalität zwischen den Brüdern Kain und Abel begann. Es geht darum Menschen, die durch Angst verwirrt sind, die voll Selbstmisstrauen stecken, die sich mutlos erleben, mit Neid und Ressentiment behaftet sind, in den Dialog mit sich und anderen zu bringen. Wie gelingt es, Menschen in ihren Minderwertigkeitsgefühlen und Resignationen so anzusprechen, dass sie in ein Dasein hineinfinden, das zu ihnen passt und in dem sie im Einklang mit sich sind? Aus tiefenpsychologischer Sicht ist das nur möglich, indem man Menschen dahin führt, sich selbst wahrzunehmen und auf sich selbst stolz zu sein.

Es gilt also herauszufinden, wie man sich selbst als einen wertvollen Menschen erkennt, ohne die Erwartungen anderer zu erfüllen. Auch in Bezug auf Geschwister, Freunde und Bekannte nutzt es wenig, sich ständig zu vergleichen, sondern eher, den anderen ihre Stärken zu lassen. Erst dann wird man bei sich selbst sein. Dieser Prozess, den wir heute Selbsterfahrung nennen, kann dazu führen, einen Bezugspunkt zu finden, der ein gelingendes Leben erlaubt. »Ich habe das Recht, ich habe diese Forderung an das Leben« – das sind Wünsche, die den menschlichen Egoismus in den Vordergrund stellen, von dem es sich im Rahmen einer Selbsterfahrung zu befreien gilt. Die Verabsolutierung von Gerechtigkeit hindert Menschen häufig daran, sich in Güte miteinander auszutauschen.

Egoistisch müssen Menschen nur so lange sein und bleiben, als sie sich selbst noch nicht gefunden haben. Wenn Menschen ihr eigenes Selbst kennengelernt haben und eine Identität mit sich erleben, versetzt sie das in den Zustand, so zu leben, dass sich das Leben in allen Bereichen lohnt. Die biblische Geschichte lädt uns dazu ein, aus Vertrauen heraus zu leben und nicht aus der Angst. Wer ängstlich darüber wacht, dass er keinen Fehler macht, macht im Grunde alles falsch. Wer aus Angst alles kontrollieren will, der knirscht nachts oft genug mit den Zähnen. Denn was jemand aus Angst unterdrücken möchte, wird in der Nacht auftauchen, und er muss es mit Gewalt unterdrücken. So ist, wie es im Text heißt, das Leben geprägt durch Heulen und Zähneknirschen.

Das Gleichnis strahlt sehr viel Weisheit aus. Denn es zeigt, wie mit Menschen umzugehen ist, die sich selbst entwerten und sich im Vergleich mit anderen minderwertig vorkommen. Es zeigt uns, wie wichtig es ist, zu seinen eigenen Stärken zu finden, die gerade dann sichtbar werden, wenn wir auch unsere Schwächen verstehen und akzeptieren. Selbstmitleid und das Kreisen um sich selbst machen mutlos und führen am Leben vorbei. Für jeden Einzelnen gilt deshalb die Forderung, ein Verhältnis zu sich selbst zu finden, sich selbst mit seinen Stärken und Schwächen anzunehmen, dann ist ein fruchtbares, glückliches Leben möglich.

Anselm Grün

Zum Reden erlöst

MARKUS 7,31-37

Die Heilungsgeschichten im Markusevangelium kann man als historische Tatsachen lesen. Ich habe auch keinen Grund anzunehmen, dass sie nicht so geschehen sind. Aber der Verfasser hat uns diese Geschichten als Evangelium, als »Frohe Botschaft«, erzählt, um uns zu verkünden, dass dieser Jesus auch uns heute zu heilen vermag. Daher versuche ich die Heilungsgeschichten so auszulegen, dass sie für uns heute eine Bedeutung haben. Jesus hat damals körperlich kranke Menschen geheilt. So war es auch beim Taubstummen. Aber wenn das Evangelium heute verkündet wird, ist es nicht nur eine Frohe Botschaft für die im medizinischen Sinn Taubstummen, sondern für uns alle. Und in dieser Hinsicht ist die Krankheit immer auch ein Bild, in dem wir uns selbst entdecken können. Wir können zudem in der Art und Weise, wie Jesus den Taubstummen heilt, ein Bild für seine therapeutische Weisheit sehen. Wenn wir mit unseren tauben und stummen Anteilen in uns Jesus begegnen, vermag er uns zu heilen. Die Art, wie Jesus Menschen heilt, ist für mich aber zugleich auch ein Bild für die Art und Weise, wie wir Menschen begegnen, wie wir etwa in der therapeutischen oder geistlichen Begleitung mit kranken Menschen umgehen.

Jesus ist in dieser Geschichte auf der Wanderung durch heidnisches Gebiet. So ist es vermutlich ein Heide und kein Jude, den die Menschen zu Jesus bringen. Dieser Mann ist taub, er kann nicht hören, ist also abgeschnitten von der Kommunikation. Er versteht nicht, was die Menschen von ihm wollen. Manchmal sind wir taub gegenüber den Worten, die uns kritisieren. Wir tun so, als ob wir sie nicht hörten. Oder wir sind taub gegenüber den inneren Impulsen, in denen Gott zu uns spricht. Der Mann in der Geschichte ist außerdem noch stumm. Im Griechischen heißt es hier: *mogilalos*. Das bedeutet: kaum redend, lallend. Er kann sich also nicht durch klares Sprechen anderen Menschen mitteilen. Dieser stumme oder nur lallende Mensch kann ein Bild sein für uns. Manchmal verstummen wir. Paare verstummen voreinander. Sie haben sich nichts mehr zu sagen. Oder ein Partner verstummt, weil er das Gefühl hat: Alles, was ich sage, wird missverstanden, wird mir im Mund herumgedreht, lächerlich gemacht, nicht ernst genommen. Manchmal können wir uns auch nicht klar mitteilen. Wir sind wie der lallende Mensch: Der andere versteht uns nicht, weil wir selbst nicht ausdrücken können, was uns wirklich bewegt.

Wenn wir die Heilungsgeschichte genauer betrachten, so erkennen wir sieben therapeutische Schritte, in denen Jesus den Kranken heilt. *Den grundlegenden Schritt* machen die Menschen, die den Kranken zu Jesus bringen. Sie erkennen, dass sie selbst der Krankheit gegenüber ohnmächtig sind. Es hilft nicht weiter, dem Taubstummen zu sagen, er soll doch endlich den Mund auftun. Die Menschen bitten Jesus, dass er dem Kranken die Hand auflegt. Die Handauflegung vermittelte in der Antike die heilende Kraft Gottes. Durch die Hände kann Gottes heilende Kraft in den Kranken einströmen. Die Menschen erkennen, dass es einer göttlichen Kraft bedarf, um den Kranken zu heilen. Bei den griechischen Ärzten war die Handauflegung eine therapeutische Gebärde. Die Angehörigen des Kranken sehen in Jesus also einen Arzt, der den Kranken zu heilen vermag. Jesus heilt aber auf seine persönliche Weise. Und in den sechs Schritten, die er geht, erkenne ich eine große therapeutische Weisheit.

Der erste Schritt Jesu: Er nimmt den Kranken beiseite. Heilung ist kein Wunder, das man bestaunen kann. Gerade der Taubstumme braucht eine Atmosphäre des Vertrauens und der Intimität.

Zwischen Jesus und dem Kranken kann so eine Beziehung wachsen, die keine Zuschauer verträgt. Heilung geschieht immer in der Begegnung. Und jede Begegnung hat etwas Intimes, Zärtliches. Sie braucht einen Schutzraum.

Der zweite Schritt: Jesus legt dem Kranken die Finger in die Ohren. In manchen Handschriften kann man lesen, dass er seine Finger zunächst mit Speichel benetzt und er sie dann erst dem Tauben in die Ohren steckt. Es ist also eine zärtliche Geste. Er will dem Tauben gleichsam sagen: »In allen Worten, die in dein Ohr dringen, will ein Mensch mit dir in Verbindung treten. Du bist ihm wichtig. Er möchte dir etwas sagen, weil er in eine Beziehung zu dir treten möchte. Hab also keine Angst, dass die Worte der anderen dich ablehnen oder dich kritisieren oder bewerten. Lass sie einfach in dich hinein und höre die Sehnsucht der Menschen heraus, mit dir in Beziehung zu treten«.

Der dritte Schritt Jesu: Er berührt mit seinem Speichel die Zunge. Der Speichel hat in der Antike heilende Bedeutung. Er ist auch ein mütterliches Symbol. Wenn ein Kind sich verletzt hat, nimmt die Mutter Spucke, streicht sie auf die Wunde und sagt: »Es ist schon wieder gut«. Das Wesen der Mutter ist für mich, dass sie nicht bewertet. Das ist ein wichtiger therapeutischer Schritt. Wenn ich das, was der andere mir sagt, bewerte, wird er verstummen. Er spürt meine Bewertung schon in meinem Blick oder in meiner körperlichen Reaktion, noch mehr in meinen Worten. Es gibt zwei Arten von Bewertung, die moralisierende und die pathologisierende. Wenn der andere zum Beispiel von seiner Angst erzählt, bewerte ich ihn moralisch, indem ich ihm vermittle: »Du glaubst zu wenig. Als guter Christ darfst du keine Angst haben«. Dann gebe ich ihm die Schuld für seine Angst. Eine pathologisierende Bewertung wäre: »Du hast eine Angsterkrankung. Du brauchst Medikamente und eine lange Therapie. Die Angst ist in dir chronifiziert«. Solche Worte lassen den anderen verstummen. Mütterlich begegnen würde ich ihm, wenn ich einfach höre, was er sagt, ohne es irgendwie einzuordnen. Ich versuche nur zu verstehen. Ich frage nach, damit er sich selbst noch besser erklären kann. Aber ich vermittle ihm nicht, dass irgendetwas seine Schuld ist oder dass etwas mit ihm nicht stimmt.

Der vierte Schritt, den Jesus geht: Er schaut zum Himmel auf. Das griechische Wort anablepo, das hier im biblischen Text verwendet wird, meint: Ich schaue zum Himmel auf, ich erhebe meine Augen zu Gott. Ich erwarte von Gott Hilfe. Jesus drückt damit aus, dass es immer auch ein Wunder ist, wenn ein Mensch, der verstummt war, wieder spricht, und einer, der sich verschlossen hat, sich wieder öffnet. Der Blick zum Himmel bedeutet, dass es letztlich Gott ist, der heilt. Wir können therapeutische oder seelsorgliche Methoden einsetzen. Aber die wahre Heilung geschieht immer von Gott her.

Der fünfte Schritt findet sich in der Aussage: Jesus seufzte. Manche Exegeten meinen, das Seufzen drücke die Anstrengung der Heilung aus. Für mich bedeutet es etwas anderes. Viele, die seelsorgliche oder therapeutische Hilfe suchen, sind nicht in Beziehung zu sich selbst und zu ihren Gefühlen. Sie sind gleichsam abgeschnitten davon. Sie reden rein objektiv über ihre Probleme, aber man spürt nicht, dass sie davon betroffen sind. Jesus lässt gleichsam stellvertretend für den Kranken das unterdrückte Gefühl laut werden. Das gibt dem Kranken die Möglichkeit, mit seinen eigenen Gefühlen in Berührung zu kommen. Zwei Beispiele sollen das erläutern. Ich habe einen Priester begleitet, der sehr freundlich war. Aber nach einer Stunde im Gespräch mit ihm wurde ich innerlich aggressiv. Ich hatte das Gefühl, der andere erinnere mich an Menschen, die mich verletzt hatten. Ich habe meine Erfahrung dann in der Supervision angesprochen. Eine Therapeutin meinte: »Es ist nicht dein Problem. Dieser Mann verströmt eine passive Aggression«. Mein Gefühl war also eine wichtige Information über den Menschen, den ich begleitete. Indem ich mein Gefühl angemessen und vorsichtig äußere, kann ich ihm helfen, seine verdrängte Aggression zu erkennen. Ein zweites

Beispiel: Eine Therapeutin erzählte mir, dass sie im Gespräch mit einer Klientin plötzlich in sich eine tiefe Traurigkeit spürte. Das, was die Klientin erzählte, war aber gar nicht so berührend. Als die Therapeutin der Klientin ihre eigene Traurigkeit offenbarte, brach es aus der Klientin heraus: Hinter der objektiven Erzählung lag das Trauma eines sexuellen Missbrauchs. Indem die Therapeutin ihr Gefühl zeigte, bekam die Klientin den Mut, von ihrem eigentlichen Problem zu sprechen.

Der sechste Schritt, den Jesus geht, lässt sich in einem aramäischen Wort, das er spricht, zusammenfassen: *effata* – öffne dich! Das Wort meint nicht nur, dass der Kranke seine Ohren und seinen Mund, sondern sich selbst als Mensch öffnen soll. Er soll sich öffnen für die Begegnung mit Menschen. Nun, da er in der Begegnung mit Jesus Vertrauen erlebt hat, soll er sich auch trauen, sich auf andere Menschen einzulassen, mit ihnen ins Gespräch zu kommen. Manchmal braucht es die Aufforderung, sich zu öffnen. Jesus spürt genau, wann dieser Zeitpunkt gekommen ist. Wenn er es gleich zu Beginn vom Kranken verlangt hätte, hätte es nicht gewirkt. Es braucht zuerst die Erfahrung eines tiefen Vertrauens, bis Menschen den Mut finden, wirklich zu hören und wirklich das auszusprechen, was in ihnen ist.

Der Evangelist Markus beschreibt die Heilung dann so: »Sogleich öffneten sich seine Ohren, seine Zunge wurde von ihrer Fessel befreit, und er konnte richtig sprechen« (Mk 7,35). Das Bild von den Fesseln an der Zunge deuten manche Exegeten als Hinweis auf Dämonen. Wir können es einfach als eine Beschreibung psychischer Verfasstheit sehen. Manchmal sind es innere Zwänge, die uns daran hindern, zu reden. Die Fessel ist ein Bild für die Kräfte, die uns davon abhalten, uns zu öffnen. Im Griechischen heißt es hier: *elalei orthos*, »richtig sprechen«. Reden und Begründen heißt im Griechischen eigentlich *legein*. Doch hier geht es darum, dass der Mann richtig spricht, dass er das ausspricht, was sein Herz bewegt.

Die Reaktion der Menschen erinnert an den Schöpfungsbericht in der Genesis: »Außer sich vor Staunen sagten sie: Er hat alles gut gemacht; er macht, dass die Tauben hören und die Stummen sprechen« (Mk 7,37). Jesus stellt die Kranken wieder so her, wie Gott sie in der Schöpfung vorgesehen hat. Gott hat den Menschen als sein Bild und Gleichnis geschaffen. Das Hören und das Sprechen gehören wesentlich zu dem Menschen, wie Gott ihn gedacht hat.

Anselm Grün

Versuche und Versuchungen

LUKAS 4,1–13 UND MATTHÄUS 4,1ff

In drei Evangelien wird von der Versuchung Jesu erzählt. Die Kirchenväter haben deutlich gemacht, dass es sich dabei um etwas handelt, das eigentlich typisch ist für uns Menschen: Jeder, der sich auf den spirituellen Weg macht, wird auf ähnliche Weise versucht wie Jesus. Alle drei Evangelien setzen die Versuchung Jesu als Erzählung vor sein öffentliches Auftreten. Wenn also jemand im Namen Gottes sprechen will, muss er erst durch diese Versuchungen gehen. Sonst ist er nicht reif, das Wort Gottes zu verkünden. Das gilt für jeden Christen.

Lukas schildert das Geschehen auf seine eigene Weise. In der Taufe wurde Jesu vom Heiligen Geist erfüllt. Und dieser Geist führt ihn nun vierzig Tage in die Wüste. »Dabei wurde Jesus vom Teufel in Versuchung geführt« (Lk 4,2).

Wir meinen häufig, ein vom Geist erfüllter Mensch würde nicht versucht, der Heilige Geist würde alles in ihm bestimmen. Doch Jesus ist ganz Mensch. Er geht den Weg durch die Wüste, durch die Leere, durch die Einsamkeit, durch die Versuchung. Jesus hat die Gefährdung gespürt, die in seiner Sendung lag, und sich seinen Schattenseiten gestellt. Er ist durch seinen Schatten hindurchgegangen, damit er nicht davon bestimmt wird. Was er dabei überwindet, sind typische Versuchungen auf dem Weg zur Menschwerdung. Sie gelten uns genauso wie ihm.

Jesus wird hier nicht, wie im Markusevangelium erzählt, vom Satan versucht, sondern vom Teufel, vom *Diabolos*, der alles durcheinanderbringt, der uns verwirrt, der alles verfälscht. Selbst das Höchste, das Tiefste, das Göttliche kann verfälscht werden. Darin besteht das Wesen der Versuchung, in die der Teufel uns führt, dass wir nicht mehr klar sehen, dass das Wertvollste in uns verfälscht wird.

Die erste Versuchung des Teufels ist, dass er Jesus auffordert, Stein in Brot zu verwandeln, damit es unseren Hunger stillt. Dahinter steht die Versuchung, alles für uns selbst zu gebrauchen. Alles soll uns etwas bringen. Alles muss konsumierbar sein. Wir wollen über alles verfügen. Der Stein ist hier ein Symbol für das Unverfügbare, denn in der Antike gab es einige Orte, an denen heilige Steine verehrt wurden. Das Heilige darf nicht konsumiert, sondern muss verehrt werden. Es ist dem Zugriff des Menschen entzogen. Im Alten Testament steht der Stein für die Stärke des schützenden Gottes.

Wir kennen diese Versuchung, dass wir alles in etwas verwandeln, was unseren Hunger stillt. Der eine verwandelt seine Arbeit in Selbstbestätigung. Ein anderer verfälscht seine Hilfe für andere, indem er dabei seine eigenen Bedürfnisse erfüllt. Er gibt viel, weil er selbst Zuwendung braucht. Es ist die Versuchung, immer nur um die eigenen Bedürfnisse zu kreisen, alles für sich zu nutzen: Ich benutze das Gebet dazu, dass es mir etwas bringt oder dass ich mich frommer fühlen kann als andere. Ich benutze Menschen dazu, dass sie meinen Wert steigern. Ich benutze Gott dazu, dass es mir besser geht. Jesus widersteht dieser Versuchung, indem er den Teufel auf ein Wort aus dem Buch Deuteronomium verweist: »Der Mensch lebt nicht vom Brot allein«. Er lebt nicht nur von dem, was er konsumiert, sondern von dem, was er bewundert, was er sein lässt. Er lebt vom Unverfügbaren, vom Heiligen, das ihn nur dann heilt, wenn er es heilighält.

Die zweite Versuchung, mit der Jesus vom Teufel konfrontiert wird, ist die Macht. Wir kennen sie alle, denn oft genug fühlen wir uns ohnmächtig: gegenüber unseren Fehlern und Schwächen und gegenüber Menschen, gegen die wir uns nicht wehren können. Da übt die Macht eine große Faszination auf uns aus. Wir wollen uns unserer Ohnmacht nicht stellen. Also machen wir andere klein, um an unsere Größe glauben zu können. Wir üben Macht aus, indem wir andere verletzen. Wir kennen ihre empfindlichen Stellen. Wenn wir sie dort treffen, haben wir Macht über sie. Doch das ist eine destruktive Form der Macht. Es gibt durchaus auch eine positive Form. Von Jesus heißt es beispielsweise, dass er mit Vollmacht predigte. Er übte auf seine Zuhörer Macht aus, jedoch nicht, um sie kleinzumachen, um sie zu manipulieren, sondern um sie aufzurichten und ihnen Anteil zu geben an der Macht Gottes. Die Macht, zu der der Teufel Jesus verführen möchte, wird durch die Anbetung des Teufels erkauft. In den Märchen begegnen wir oft diesem Motiv des Teufelspaktes: Menschen verschreiben sich ihm, um ihre Macht zu steigern. Thomas Mann erzählt davon in seinem Roman »Dr. Faustus«: Der deutsche Tonsetzer Adrian Leverkühn schließt mit dem Teufel einen Pakt, damit er weiterhin geniale Musik komponieren kann. Aber er erkauft sich diese Fähigkeit um den Preis der Liebe. Er wird nie mehr Liebe fühlen, sein Leben wird künftig kalt und leer sein. Wenn wir unsere Macht steigern, indem wir unsere Seele verraten, kostet es uns immer unser Menschsein. Wir werden keine Liebe mehr spüren, wir werden mit uns selbst nicht mehr in Berührung sein. In Wirklichkeit ist es keine Macht, die wir haben, sondern die uns im Griff hat. Wir sind besessen von dieser Macht, die unsere Würde zerstört. Jesus wehrt diese Versuchung ab, indem er auf das Wort der Schrift verweist: »Vor dem Herrn, deinem Gott, sollst du dich niederwerfen und ihm allein dienen«. Wer Gott als den Herrn anerkennt, wer vor seiner Größe und Macht niederfällt, der bekommt Anteil an Gottes Macht, der wird auf einmal – wie Lukas es von Jesus sagt – »mächtig in Wort und Tat vor Gott und dem ganzen Volk«.

Die dritte Versuchung ist die gefährlichste und schwerste. Das ist ein Motiv, das sich auch in allen Märchen wiederfindet. Im Matthäusevangelium ist die dritte Versuchung die der Macht. Lukas stellt die Reihenfolge um. Für ihn, den Griechen, ist die größte Versuchung nicht die zur Macht, sondern die Verfälschung des Gottesbildes. Wenn das Gottesbild krank ist, dann wird auch der Mensch krank. Wenn ich Gott nicht richtig sehe, kann ich auch mich nicht richtig sehen und werde nie zu mir selbst finden. Der Teufel versucht Jesus, indem er ihn auf ein Schriftwort verweist: »Seinen Engeln befiehlt er, dich zu behüten. Sie werden dich auf ihren Händen tragen, damit dein Fuß nicht an einen Stein stößt«. Die Erfahrung des frommen Psalmbeters und die Verheißung Gottes an jeden Glaubenden verfälscht der Teufel, indem er Jesus zum Sprung von der Tempelzinne drängt. Jesus soll Gott dazu benutzen, um als Wundertäter zu erscheinen. Es ist die Versuchung, sich in der Spiritualität über andere zu stellen, sich als etwas Besonderes zu fühlen. Spiritualität wird dann nicht zur Verwandlung des Lebens, sondern zur Flucht in die Grandiosität. Man steigert sich in seine spirituelle Besonderheit hinein und flieht vor der Realität und Durchschnittlichkeit des eigenen Lebens.

Hier geht es um eine Versuchung, der heute viele Führungspersönlichkeiten erliegen, sei es auf der spirituellen oder der personellen oder psychologischen Ebene. Sie spielen sich wie Gott auf. Das fasziniert viele Menschen, denn diese Menschen spiegeln unsere Sehnsucht wider, uns Gottes zu bemächtigen. Gott und die spirituelle Erfahrung geben uns einen heiligen Glanz, der uns wichtiger ist als Gott. Ich kenne viele, die von solchen Menschen missbraucht worden sind. Aber ich kenne auch genügend andere, die innerhalb der Kirche geistlichen Missbrauch erfahren haben. Es waren Seelenführer, die die Menschen verführt haben. Sie haben ihnen spirituelle Erfahrungen versprochen, um den Preis, dass sie ihnen bedingungslos gehorchen. Sie haben ihnen die Heilung all ihrer Verletzungen versprochen, aber um den Preis, dass sie sich blind auf sie einlassen. Jesus ist dieser Versuchung des geistlichen Missbrauches nicht erlegen. Er hat Gott nicht für sich benutzt, sondern sich von Gott in Dienst nehmen lassen. Der Weg, den der Heilige Geist ihn geführt hat, führte durch viele Bedrängnisse zur Herrlichkeit, über das Kreuz zur Auferstehung.

Jesus hat die Versuchungen auch für uns bestanden. Er ist für den Evangelisten Lukas der archegos tes zoes, der Anführer zum Leben, der Anstifter zum Leben. Er geht uns voraus auf dem Weg der Menschwerdung. Auf diesem Weg werden auch wir versucht und auf die Probe gestellt. Jesus stiftet uns zum Leben an. Er ermutigt uns, den Weg durch die Wüste zu gehen, uns den eigenen Schattenseiten zu stellen, durch sie hindurchzugehen und gerade so zu neuer Lebendigkeit und Wahrhaftigkeit zu finden. »Keiner kann unversucht in das Himmelreich gelangen«, sagt der Mönchsvater Antonius. Keiner kann zu Gott kommen, ohne seiner eigenen Wahrheit zu begegnen. Die Geschichte von der Versuchung Jesu lädt uns ein, uns unserer Wahrheit zu stellen. Wir könnten uns fragen: Was ist meine tiefste Gefährdung? Wo bin ich in Gefahr, an mir und meiner Wahrheit vorbeizuleben, alles mir dienstbar zu machen, über andere Macht auszuüben und alles für mich zu nutzen, anstatt Gott den Herrn anzubeten? Oft sind es nicht unsere Schwächen, die unser Menschsein gefährden, sondern gerade unsere Stärken, die für uns zur Falle werden. Wir stellen uns dann mit diesen über andere Menschen und kommen gerade so zu Fall. Nur wer in seinen Schwächen und in seinen Stärken Gott Gott sein lässt, wird wahrhaft Mensch.

Anselm Grün

Auf dem Weg bleiben

LUKAS 9,57–62

Bei vielen lösen diese Worte Jesu über seine Nachfolge Furcht aus. Sie haben den Eindruck, sie müssten, um im Sinne Jesu zu handeln, alles aufgeben. Aber die Frage ist: Was bedeutet es, Jesus nachzufolgen? Für die Jünger hieß das ganz konkret: Jesus auf seinem Weg zu folgen. Für die Leser des Lukasevangeliums bedeutet es jedoch: der inneren Stimme zu folgen. Jesus spricht zu mir in meinem Gewissen, in der inneren Ahnung oder mit der Stimme meines Selbst. Jesus nachzufolgen heißt deshalb, sich vom Ego loszulösen und sich auf den Weg zu machen, um den Impulsen des Selbst zu folgen.

Lukas schildert drei typische Situationen, in denen es um Nachfolge geht. In der ersten Situation kommt ein Mensch zu Jesus und spricht ihn an: »Ich werde dir folgen, wohin du auch gehst« (Lk 9,57). Jesus antwortet mit einem Sprichwort, das auch die Griechen kannten: »Die Füchse haben ihre Höhlen und die Vögel ihre Nester; der Menschensohn aber hat keinen Ort, wo er sein Haupt hinlegen kann« (Lk 9,58). Er verweist den Menschen, der ihm nachfolgen will, auf sein Unbehaustsein: Der Mensch hat keine Höhlen und keine Nester, in die er sich für immer zurückziehen kann. Er ist auf dieser Erde letztlich ein Fremder oder, wie Lukas das ausdrücken würde, ein Wanderer, ein Reisender. Er ist immer unterwegs, auf Gott zu. Er hat sich hier nie ganz niedergelassen.

Das Wort Jesu gilt nicht nur für den, der ihm nachfolgen will, sondern für jeden Menschen, der auf dem Weg zu seinem wahren Selbst ist. Es entspricht der griechischen Auffassung, dass der

Mensch ein geistiges Wesen ist. Er lebt hier in dieser Welt, aber dort ist er letztlich nicht zu Hause. Er hat seine wahre Heimat in Gott. Er ist ein Wanderer, immer unterwegs, kann sich nicht einfach ausruhen. Der Weg der Verwandlung geht immer weiter. Wer stehen bleibt, der erstarrt.

In der zweiten Situation, die im Evangelium geschildert wird, ergreift Jesus selbst die Initiative. Er spricht einen anderen an: »Folge mir nach!« Der erwidert: »Lass mich zuerst heimgehen und meinen Vater begraben« (Lk 9,59). Die verstorbenen Angehörigen zu begraben war die höchste Pflicht, sowohl im Judentum als auch bei den Griechen. Die Antwort Jesu muss daher für beide pietätlos klingen. Aber gerade in seiner Radikalität will Jesus in dem, der ihm nachfolgen will, etwas bewirken: »Lass die Toten ihre Toten begraben; du aber geh und verkünde das Reich Gottes« (Lk 9,60). Es ist keine logische Anweisung, denn Tote können Tote nicht begraben. Es ist wie ein Koanwort, das in der buddhistischen Zen-Tradition üblich ist und den Sinn hat, das Denken des Menschen auf eine andere Ebene zu heben. Die Verstorbenen zu begraben und sich um das Erbe zu streiten, das ist nicht das Eigentliche. Es geht um die Selbstwerdung des Menschen. Und dieser innere Weg ist wichtiger als alle familiären Verpflichtungen.

Ich denke bei diesem Wort Jesu an einen jungen Mann, der unbedingt ins Kloster wollte. Aber er meinte, solange sein Vater lebe, könne er diesen Schritt nicht gehen. Da war mir klar, dass er niemals diesen Schritt tun wird. Manche Menschen trauen sich nicht, zu Lebzeiten der Eltern ihren eigenen Weg zu gehen. Jesus will uns ermutigen, genau das zu tun. Wir dürfen nicht warten, bis die Eltern gestorben sind. Dann ist es zu spät. Jesus macht uns Mut, unseren je eigenen Weg zu gehen oder, psychologisch gesprochen: den Weg der Selbstwerdung zu gehen, den Weg in die eigene Mitte, zu dem ursprünglichen Bild Gottes in uns.

Die dritte Szene im Lukasevangelium ist ähnlich. Jetzt kommt jedoch wieder ein Mensch von sich aus auf Jesus zu: »Ich will dir nachfolgen, Herr. Zuvor aber lass mich von meiner Familie Abschied nehmen« (Lk 9,61). Auch diese Bitte ist durchaus verständlich. Bevor man sich auf einen neuen Weg macht, möchte man gerne Abschied von der Familie nehmen. Doch Jesus antwortet wieder sehr radikal: »Keiner, der die Hand an den Pflug gelegt hat und nochmals zurückblickt, taugt für das Reich Gottes« (Lk 9,62). Bei dieser Geschichte muss ich an eine junge Frau denken, die mir erzählte, welches Studium sie gerne beginnen wollte. Doch ihre Eltern waren mit ihrer Wahl nicht einverstanden. Ich antwortete: »Es ist schön, dass du genau weißt, was du willst. Aber zugleich möchtest du, dass dir die ganze Familie Beifall klatscht. Wenn es wirklich dein Weg ist, dann musst du ihn gehen, auch wenn deine Familie ihn nicht versteht«. Für mich ist das Wort Jesu eine Ermutigung, wirklich den eigenen Weg zu gehen und nicht zurückzuschauen, ob alle mir Beifall klatschen. Denn dann wird meine »Lebensfurche« krumm.

Die Kirchenväter haben diese Stelle häufig interpretiert. Dabei beziehen sie sich einmal auf biblische Texte: Die Frau des Lot darf nicht zurückschauen. Sonst erstarrt sie zu einer Salzsäule (Gen 19,26). Origenes hat wieder eine eigene Deutung: »Es ist die Seele, die gepflügt werden muss, um sie zu verjüngen, damit sie die Saat des göttlichen Wortes empfangen kann«. Diese Deutung zeigt, dass es um eine innere Wahrheit geht. Das ist ein schönes Bild: Wenn wir konsequent unseren Weg weitergehen, wird die Seele verjüngt. Wenn wir ständig zurückschauen auf das, was wir verlassen haben, bleiben wir im Alten stecken. Das Junge will sich nach vorne, in die Zukunft ausstrecken.

Bernd Deininger

In der Menschlichkeit des Menschen, dort finden wir die Wohnung Gottes

LUKAS 10,25-37

Zur Zeit Jesu waren die Samariter für jeden orthodoxen Juden Menschen, mit denen er nichts zu tun haben wollte, die er ablehnte und verachtete. Das hatte einen historischen Grund: Nach der Rückkehr aus der babylonischen Gefangenschaft etwa um das Jahr 520 v. Chr. begann man damit, den zuvor zerstörten Jerusalemer Tempel wiederaufzubauen. Dabei verweigerte man den Samaritern, eine Gruppe innerhalb des damaligen Judentums, die Teilnahme am religiösen Leben und ebenfalls am Aufbau des Tempels. Sie wurden also deutlich ausgegrenzt. Verschiedene Propheten wie beispielsweise Jeremiah und Ezechiel haben in ihren Reden versucht, die Samaritaner und die Juden zu versöhnen und eine Wiedervereinigung herbeizuführen, was ihnen aber nicht gelang. Das führte dazu, dass sich die Samariter auf mehr als deutliche Weise revanchierten: Sie verteilten auf dem Tempelplatz Leichenteile, was ihn in den Augen der Juden verunreinigte. Insbesondere den Pharisäern war es zur damaligen Zeit nicht möglich, fremde Leichenteile zu berühren, denn die Folge war eine Unreinheit, durch die sie ihren Glauben nicht mehr ausüben konnten. Insofern war es eine massive Provokation von Jesus, für dieses Gleichnis als Hauptperson einen Samariter auszuwählen.

Wenn wir heute einen Menschen als einen Samariter bezeichnen, beschreiben wir damit die Verkörperung christlicher Hilfsbereitschaft. Der Begriff »Samariter« ist eingedrungen in unsere

Sprache und wird auf Menschen angewendet, die sich in besonderer Weise um andere kümmern.

Lesen wir nun diese provokative Geschichte, ist gleich zu Beginn herauszustellen, dass Jesus weder den Priester noch den Leviten maßregelt oder das Verhalten interpretiert, er versucht lediglich Tatbestände zu erzählen, aber eine Bewertung beziehungsweise Beurteilung zu vermeiden. Im Wesentlichen geht es darum, die Frage zu beantworten: Wer ist mein Nächster? Das ist eine Grundsatzfrage, die im Zusammenleben von Menschen, auch gerade in unseren westlichen Gesellschaften, derzeit eine große Rolle spielt. Wenn wir diese Frage auf uns wirken lassen, so landen wir rasch gedanklich bei uns selbst.

In der Geschichte zeigt sich der Samariter als ein sachlich und praktisch denkender Mensch. Er sah den Mann, der verletzt auf der Straße liegt, sofort, denn es ist davon auszugehen, dass er unterwegs sehr aufmerksam war. Zu jener Zeit war es für jeden Reisenden gefährlich, da überall Wegelagerer und Räuber lauerten. Das heißt, jeder, der allein seiner Wege ging, war gefährdet und konnte jederzeit überfallen werden. Daher sah der Samariter in dem verletzten Mann auf der Straße vielleicht sogar sich selbst dort liegen, weil er dachte, dass zu einer anderen Zeit er selbst derjenige sein könnte, der hilflos und dem Tod nahe auf der Straße liegt.

Der Gedanke, dass er selbst dort liegt als jemand, der Hilfe braucht, um zu überleben, mag ein Impuls für die Rettungstat gewesen sein. Die Handlung des Samariters ist im Neuen Testament sehr konkret beschrieben: Er desinfiziert die Wunden des Überfallenen mit Wein, reibt ihn mit edlem Öl ein und hebt ihn auf sein Reittier, um ihn dann in der nächstgelegenen Herberge dem Wirt zu übergeben. Im Bewusstsein, dass er den Verletzten guten Händen übergeben hat, geht er weiter seinen eigenen Geschäften nach. Es ist nicht einmal erwähnt, dass der Retter sich von dem Geretteten verabschiedet.

Fest steht, dass der Retter seine eigene Reise unterbrochen hat. Er hat also Zeit in die Rettung investiert. Den Verletzten auf sein Reittier zu heben, kann symbolhaft bedeuten, dass er ihn in gewisser Weise körperlich auf sich nimmt. Er übernimmt elterliche Funktionen, indem er ihn trägt wie eine Mutter und wie ein Vater, indem er finanziell für ihn aufkommt und Strukturen schafft.

Vordergründig ist es sehr einfach, die Frage zu beantworten, wer sich dem Überfallenen als Nächster erwiesen hat. Von den dreien, die vorbeizogen, hat sich allein der Samariter wie ein Nächster verhalten. Wenn dieser aber in dem Verletzten und Überfallenen sich selbst erkennt, geht es in der Geschichte noch um etwas anderes: Es liegt am Geretteten, nicht am Retter, sein weiteres Leben lang daran zu denken, dass er von einem anderen, der ihn beachtete, der ihm seelisch und materiell beistand und der ihn in gewisser Weise wieder zum Leben verhalf, seine Menschenwürde zurückerhalten hat. Das bedeutet weiter, dass jeder in seinem Leben dazu verpflichtet ist, dem Menschen, der ihm in einer Situation geholfen hat, in der er alleine nicht zurechtgekommen wäre, dankbar zu sein. Dabei spielt es keine Rolle, ob es sich um einen bekannten oder unbekannten Menschen handelt, es geht lediglich darum, diese Dankbarkeit zu spüren und in gewisser Weise an sie gebunden zu bleiben. In der Geschichte lässt der Samariter den von ihm Geretteten frei, er zieht sich vom kurzen gemeinsamen Weg zurück und geht seinen eigenen weiter. Er bindet ihn also nicht an sich. Vielmehr scheint es ihm wichtig zu sein, dem Geretteten zu vermitteln, dass auch er in einer ähnlichen Situation genauso handeln sollte, wie an ihm gehandelt wurde.

In Psychotherapien haben mit viele meiner Klienten erzählt, dass sie selbst hilfsbereit gewesen sind oder dem anderen viel gegeben haben. In Trennungssituationen erleben sie dann den anderen als undankbar und ungerecht. Häufig wird das als Vorwurf formuliert: »Wenn ich über unsere gemeinsame Geschichte nachdenke, wie viele Opfer ich für dich gebracht habe, wie oft ich dir den Rücken für deine Karriere freigehalten habe – und jetzt verlässt du mich, wendest dich einer anderen Frau, einem anderen Mann zu oder sagst mir, dass wir uns auseinandergelebt haben. Da fühle ich mich verraten und hintergangen«.

Wenn ich solche Sätze zu hören bekomme und der betreffende Mensch voller Hass und Enttäuschung ist, ist es meist sehr schwierig, mit ihm über sein eigenes Verhalten nachzudenken. Nur in ganz kleinen Schritten ist dies möglich. Es muss dann darum gehen, dem Enttäuschten und Verlassenen deutlich zu machen: Wenn er für seine Hilfe Dankbarkeit fordert, beweist er damit, dass er den anderen in gewisser Weise kaufen oder an sich binden wollte. Dann hätte er aber die Hilfe und auch manches Zurückstehen nicht für den anderen getan, sondern letztendlich für sich selbst, in der Hoffnung, dass das, was er investiert hat, ihm auch zurückgegeben wird.

Wichtig ist also zu verstehen – und das zeigt uns die Erzählung –, dass man Hilfe und Unterstützung geben soll, ohne dabei den Hintergedanken zu haben, dass man Gleiches zurückbekommt. Lediglich bei jenem, dem geholfen wird, wäre ein Bewusstsein dafür zu schaffen, dies in Situationen, in denen er anderen Hilfe gewähren kann, ebenso zu tun.

Kehren wir nun zu uns selbst und in unsere Zeit zurück. Wer ist heute unser Nächster? Das können all die Menschen sein, die das Schicksal an unsere Seite gestellt hat, als wir selbst Hilfe benötigten und erhalten haben. Auch von solchen, bekannt oder unbekannt, die ihre Hilfsaktion längst vergessen haben. Es können Menschen gewesen sein, die an einem beliebigen Ort, an dem sie schicksalhaft unseren Weg gekreuzt haben, für eine Zeit unser eigenes Wohl zu ihrem Anliegen gemacht haben – vielleicht sogar in ganz einfachen Alltagssituationen. Ein befreundeter Lehrer erzählte mir von einer mündlichen Prüfung, in der er spürte, wie ängstlich der Prüfling war und dass er Sorge hatte, nicht zu bestehen. Die erste Frage konnte er wohl auch nicht beantworten, bis dem Lehrer einfiel, dass er sich selbst einmal in einer ähnlichen Situation befunden hatte und dann von seinem Prüfer gefragt wurde, welches Thema er denn innerhalb des Prüfungsgebietes am interessantesten fand. Er konnte ein Thema nennen und alle Fragen dazu beantworten. Dies hat ihn dazu gebracht, nun auch seinem Prüfling ein ähnliches Angebot zu machen. Der Prüfling war wie befreit, konnte alle Fragen beantworten – und zuletzt auch die vom Beginn der Prüfung, auf die er zunächst keine Antwort wusste.

Unser Nächster, das ist in einer Grenzsituation das »Du«, ohne das es kein »Ich« mehr in uns gäbe. Wenn Menschen alle physischen und moralischen Stützen verloren haben und sich selbst nicht mehr erkennen, sich selbst nicht mehr helfen, keine eigene Verantwortung mehr übernehmen können, keinen Weg mehr aus einer schwierigen Situation finden, dann sind unsere Nächsten diejenigen, die uneigennützig Verantwortung übernehmen, bis der Betreffende wieder eigene Kräfte zur Verfügung hat, um seinen Weg eigenständig zu gehen. In dem Gleichnis wird aufgezeigt, dass unser Nächster eine Ergänzung in einer Situation sein kann, in der die eigene Einsamkeit, die eigene unbewusste Not und Bedürftigkeit so groß ist, dass es ohne diese Ergänzung keine Möglichkeiten mehr gegeben hätte, zu überleben.

Es scheint, dass wir über die Botschaft dieses Gleichnisses zwei wesentlich neue Erkenntnisse für unser Leben gewinnen können. Zum einen geht es um die lebenslängliche Dankbarkeit dem gegenüber, der uns geholfen hat, als wir völlig hilflos und von allen, auch von uns selbst, verlassen waren, ob wir ihn nun persönlich kannten oder nicht. Zum Zweiten gibt uns das Gleichnis einen Hinweis, wie wir uns selbst verhalten und wie wir handeln sollen.

Wenn es die eigene Lebenssituation erlaubt und die materiellen Möglichkeiten gegeben sind, ist es erforderlich, sich der Not der anderen, die uns schicksalhaft begegnen, zu- und nicht abzuwenden. Es geht dabei aber nicht darum, sich selbst zu vergessen und sich aufzuopfern, sondern es soll primär das getan werden, was nötig ist, ohne das Weitergehen auf dem eigenen Weg aufzugeben. Es ist auch wichtig, sich von demjenigen, dem geholfen wird, nicht zurückhalten zu lassen. Der, der die Hilfe erhalten hat, soll aber auch nicht in Dankbarkeit gefesselt und gefangen gehalten werden. In der Geschichte handelt der Samariter wie ein namenloser Mensch, der sich nicht um Herkunft, gesellschaftlichen Rang oder Religionszugehörigkeit schert. Es geht nicht darum, einen Teil unseres eigenen Lebens, unserer Zeit zu opfern, sondern darum, anderen Menschen in Not zu helfen, ohne dass uns das von unserem eigenen Tun abbringt. Wir haben weder etwas zu verlieren noch etwas zu gewinnen, sondern sollen diese Hilfeleistung in unserem Inneren bis zu unserem eigenen Ende nicht vergessen.

Wenn wir eine gute psychische Entwicklung durchgemacht haben, gibt es keine völlige Selbstlosigkeit. Selbst in der elterlichen Liebe ist es kaum möglich, völlig zweck- und selbstlos zu sein. Natürlich dürfen Eltern stolz sein auf ihre Kinder, wenn sie erfolgreich sind im Leben, dennoch dienen sie in gewisser Weise dann dem Narzissmus der Eltern. Auch die Vorstellung von Eltern, dass sie in ihren Kindern etwas weitergeben, damit sie nach ihrem Tod in irgendeiner Form weiterleben, ist eine verbreitete Vorstellung. Dennoch gilt, dass Eltern ihren Kindern beispielhaft zeigen sollen, dass sie sie lieben – aber sie auch genau deshalb freilassen und keine Dankbarkeit einklagen.

Zwischen Eltern und Kindern bestehen ebenso zwischenmenschliche Beziehungen wie zwischen Freunden oder anderen, die sich nahestehen, aber dass man seine Eltern lieben muss, wenn sie ihren Kindern nicht die Nächsten waren, ist nirgends festgeschrieben. Gerade wenn Kinder Gewalt und Missbrauch erfahren haben und sich die Eltern als Menschen zeigten, die ihnen eher fern als nah waren, darf und muss es manchmal auch eine Distanz zwischen ihnen geben. Das Einzige, was ein Kind den Eltern zeigen muss, dass es dankbar für das Geschenk des Lebens ist. Ohne die Eltern und ohne die Zeugung wäre es nicht auf der Welt. Und leider ist es in vielen Fällen so, dass Eltern für ihre Kinder nicht mehr leisten können als ihre pure Existenz. Ein Kind, das dies spürt, kann jedoch trotz Mangel an Liebe und dem Verletzt- und Verwundetsein seiner Seele Kräfte schöpfen, um den eigenen Kindern das zu geben, was es in seiner eigenen Kindheit vermisst hat.

Aus dem Gleichnis ist aber noch etwas anderes Wesentliches zu erfahren. Dabei geht es um das Verhältnis von Menschen- und Gottesliebe. Beide sind untrennbar miteinander verbunden. Es gibt keine Gottesliebe auf Kosten der Menschenliebe, und wer die Befolgung eines Gebotes, das auf Gott zurückgeführt wird, über das Gebot der Menschlichkeit stellt, der missversteht Gott, der schädigt die Religion und sich selbst. Gott zeigt sich überall dort, wo Menschen leiden und wo Menschen mit Menschlichkeit auf dieses Leiden antworten. Gott ist dann die Stimme, die in uns hörbar wird, wenn es darum geht, auf andere Menschen vorurteilsfrei zuzugehen. Das Doppelgebot der Liebe – ein zentrales Gebot im Christentum – heißt: »Deinen Nächsten sollst du lieben wie dich selbst«. Doch wie können wir uns lieben, obwohl wir uns selbst so oft ablehnen und das, was wir ablehnen, auf die anderen projizieren.

Eine junge Frau, die unter Depressionen und Angstzuständen litt, erzählte mir, dass ihre Eltern sich sehr jung kennengelernt hatten. Die Mutter sei siebzehn, der Vater neunzehn Jahre alt gewesen, als sie sich in einem Kirchweihzelt begegneten. Es war viel Alkohol im Spiel, und in dieser Nacht wurde sie gezeugt. Als die Mutter die Schwangerschaft bemerkte, versuchte sie das Kind abzutreiben, was aber nicht gelang. Sie wollte den Vater nicht heiraten, da es mit ihm keine Gemeinsamkeiten gab. Der Vater war ein Hilfsarbeiter auf dem Bau, die Mutter besuchte das Gymnasium, brach aber dann die Schule ab. Auf Druck der Großeltern mütterlicherseits musste die Mutter den Vater heiraten. Nach siebenjähriger Ehe kam es zur

Scheidung. Die Mutter hat ihrer Tochter immer vermittelt, dass sie unerwünscht war, dass sie ihr Leben ruiniert hatte und sie sich gewünscht hätte, die versuchte Abtreibung wäre gelungen. Das hatte zur Folge, dass meine Patientin keinerlei positives Selbstwertgefühl aufbauen konnte, dass sie sich immer abgelehnt fühlte, dass sie aber in ihrem Leben auch immer wieder für Situationen sorgte, in denen sie wegen ihres Verhaltens abgelehnt wurde. Am vertrautesten waren ihr solche Situationen, in denen sie von der Außenwelt die Rückmeldung bekam, dass sie nichts wert sei, nichts könne und versage.

In einem langen therapeutischen Prozess ging es darum, zum einen der Mutter zu danken, dass sie sie doch in die Welt gebracht hatte, und zum anderen zu spüren, dass es auch Menschen gab, die sie angenommen hatten und sie hatten groß werden lassen. So konnte sie in der Therapie irgendwann sehen, dass die Großmutter mütterlicherseits sie viel unterstützt hatte und auch der Vater sich nach der Trennung von der Mutter so gut er konnte um sie kümmerte. Außerdem war er stolz auf sie, weil sie es unter so widrigen Umständen bis zur Lehrerin gebracht hatte. Sie verstand, dass es trotz der schwierigen Beziehung zur Mutter viele andere Menschen gab, die sie akzeptierten und mochten. Über diese Erkenntnis war es ihr dann möglich, ein besseres Selbstwertgefühl zu entwickeln und auch auf sich selbst stolz zu sein für das, was sie erreicht hat.

Auf die christliche Religion bezogen könnte man deshalb sagen, dass sich in den Menschen, die sich ihr zugewandt haben, Gott zeigte, denn wie oben erwähnt, ist Gott überall dort, wo Menschen Leid erkennen und mit Menschlichkeit darauf antworten. Der Frau gelang es, sich anzunehmen und selbst zu lieben, weil sie spürte, dass es selbst in ihrer schwierigen Kindheit Menschen gab – zwar nur fragmentiert –, die sie stützten und akzeptierten. Dies half ihr, in der Therapie aus dem Gefühl der Selbstablehnung herauszutreten.

Ihr wurde weiter klar, dass sie sich selbst und auch ihren Schülern gegenüber oft unnachgiebig und wenig offen zeigte. Als es ihr gelang, in den Kindern, die aus sozial schwachen Familien kamen, sich selbst zu sehen und sich diesen gegenüber zu öffnen, erlebte sie sich plötzlich als lebens- und beziehungsfähiger. Sie erkannte, dass ihre Mutter nicht gewusst hatte, wie sie mit ihr umgehen sollte, und nicht in der Lage gewesen war, ihre eigenen Anteile – dass sie sich mit einem Mann eingelassen hatte, den sie nicht liebte – zu reflektieren. Sie begann zu verstehen, dass ihre Mutter ihr trotz all ihrer Schwächen, trotz all ihrer Einschränkungen, das Leben geschenkt hatte. Zudem spürte sie, dass es trotz aller Schwierigkeiten eine – zwar minimale – Zuneigung gab, die häufig nicht sichtbar, aber doch vorhanden war. Durch die Fähigkeit, sich selbst zu lieben, war es ihr nun möglich, auch in einem umfassenderen Sinn auf andere Menschen zuzugehen. Sie konnte die Angst, in einer Beziehung abhängig zu werden, aufgeben und lernte zu spüren, was wirkliche Liebe, Toleranz und Akzeptanz schafft anstatt Abhängigkeit und Unterwerfung.

Wirklich gute Eltern geben für ihre Kinder alles, ohne davon ein Aufheben zu machen. Sie tun es einfach. Ihre Haltung wäre pervertiert, wenn sie von ihren Kindern Dankbarkeit verlangten, nachdem nun ihr Wunsch, Kinder zu haben und großzuziehen, erfüllt ist. In der Regel sollen die Eltern den Kindern das Beispiel geben, sich den eigenen Kindern gegenüber genauso zu verhalten.

Wir Menschen sehen uns im anderen und es gibt uns auch nur, weil es andere gibt. In guten Beziehungen sind es Vater und Mutter, später Freunde und Weggefährten, die uns das deutlich machen. Bei meiner Patientin waren es in gewisser Weise die Großmutter und der Vater, später die Erzieherin im Kindergarten und die Grundschullehrerin. Wir können uns nur entwickeln, weil wir anderen Menschen begegnen. Unsere Welterfahrung hängt davon ab, was wir von anderen Menschen übernehmen und lernen. Es ist daher wichtig, sich bewusst zu machen, dass der Blick, den wir auf die Welt haben, von anderen stammt. Dabei geht es um eine Wechselbeziehung: Wenn ich mir bewusst mache, zu wem ich in einem Ich-Du-Verhältnis stehe, wenn ich spüre, dass der andere mich hört, dann weiß ich mich selbst sprechend. Ohne den oder die anderen existiere ich nicht. Das bedeutet auch, dass der andere, der in mir seinen Menschenbruder erkennt, für mich vermenschlichender Spiegel ist.

Im Samariter begegnen wir einem Menschen, der frei von moralischen und sozialen Vorurteilen ist. Durch sein Verhalten zeigt er im Unterschied zum Pharisäer und dem Leviten die Fähigkeit, sich selbst im anderen, im Schwachen, im Hilflosen zu sehen. Dies ist aber nur möglich, wenn er sich selbst in vielen Lebenssituationen als schwach, hilflos und ausgegrenzt erlebt hat. Er hat wohl die Erfahrung gemacht, dass andere ihm dann ähnlich aus seiner Krise herausgeholfen haben, wie er dies mit dem Verletzten und Verwundeten tut. Zum anderen wird sichtbar, dass er in seiner Handlungsweise auch zu sich selbst und zu seinem Lebensweg steht. Da er gelernt hat, sich selbst zu lieben, ist er in der Lage, auf den anderen zuzugehen und ihn aufzurichten.

Wenn, wie oben erwähnt, Nächstenliebe und Gottesliebe untrennbar miteinander verbunden sind, gelang es dem Samariter in dem Zugehen auf den Menschen, den er als seinen Nächsten erkannt hat, auch seine Liebe zu Gott darzustellen. Das geht wahrscheinlich ebenfalls auf die tiefgreifende Erfahrung zurück, in der eigenen Verlassenheit und in der Zuwendung, die er erfahren hat, das Getragensein in Gott gespürt zu haben.

Meine Patientin hat im Lauf der Therapie erkannt, dass die Erinnerungen an die Menschen, die sich ihr zwar nur punktuell, aber dennoch zugewandt haben, in Vergessenheit geraten sind. Durch den therapeutischen Prozess konnten diese Erinnerungen wieder wachgerufen werden. Sie spürte am Ende, dass sie im anderen, in diesem Fall im Vater und der Großmutter, Nächstenliebe und das Getragensein in der Liebe Gottes erfahren hat. Dies verhalf ihr dazu, ein positives Selbstwertgefühl zu entwickeln, was ihr die Möglichkeit verschaffte, sich auf ihre Schüler einzulassen.

Wenn wir im Verlauf unserer Lebensgeschichte mit Menschen in Berührung kommen, die uns als Person erkennen und die uns das Gefühl vermitteln, dass wir etwas wert sind, einmalig und liebenswert, dann sind sie ein Teil unseres Selbst. Wenn wir in unserer Lebensgeschichte auf Menschen treffen, die wir als schwach und hilflos erleben, sie in diesem Moment aber als liebenswert und wertvoll erleben, dann werden auch sie zu einem Teil unseres Selbst.

Den in der Geschichte vom barmherzigen Samariter skizzierten Personen des Priesters und des Leviten ist dies wohl nicht gelungen. Ihnen ist die Fähigkeit, sich außerhalb ihres Selbst auf andere Menschen einzulassen, genommen worden. Sie kreisen egozentrisch um sich, sehen die Welt nur auf sich bezogen und müssen sich hinter Dogmen und Gesetzen verstecken. Solche Menschen begegnen uns auch heute recht häufig, sodass wir in vielen Lebensbereichen damit konfrontiert sind, mit Zeitgenossen umzugehen, die auf der Beziehungsebene mit schweren Einschränkungen zu kämpfen haben. Insofern ist die Geschichte vom barmherzigen Samariter kein Märchen von damals – die Thematik begegnet uns zu allen Zeiten und in allen Kulturen.

Anselm Grün

Licht werden

LUKAS 11,33-36

An dieser Bibelstelle wird deutlich, dass Lukas ein Wort Jesu immer wieder einmal anders auslegt als Matthäus. Das zugrundeliegende Wort Jesu ist: »Niemand zündet ein Licht an und stellt es in einen versteckten Winkel oder stülpt ein Gefäß darüber, sondern man stellt es auf einen Leuchter, damit alle, die eintreten, es leuchten sehen« (Lk 11,33). Matthäus deutet es in der Bergpredigt auf die guten Taten der Christen: »So soll euer Licht vor den Menschen leuchten, damit sie eure guten Werke sehen und euren Vater im Himmel preisen« (Mt 5,16). Lukas als Grieche betrachtet diese Aussage eher mystisch: Nicht unser Tun, sondern unser Sein soll das Licht Jesu in diese Welt hinaus ausstrahlen. Doch schauen wir die Auslegung im Lukasevangelium genauer an.

Es beginnt mit einem Satz, der der griechischen Auffassung vom Wesen des Auges entspricht: »Das Auge gibt dem Körper Licht« (Lk 11,34). Nach Parmenides und anderen griechischen Philosophen gehen vom Auge Lichtstrahlen aus. »Sehen« bedeutet also die Projektion von Lichtstrahlen nach außen. Oft wird das Auge mit der Sonne verglichen, die ihre Strahlen ebenfalls auf die Erde sendet. Pythagoras nennt daher die Augen »Pforten der Sonne«. Empedokles vergleicht das Auge mit einer Leuchte: »Den Sehprozess verglich er mit einem Menschen, der in die Winternacht hinausgeht und sich auf Grund der Dunkelheit draußen mit einem Sturmlicht ausrüstet« (Bovon, 210). Nach Platon »muss sich das Licht des Auges mit dem Licht der Sonne vereinen, damit wir sehen können« (Bovon, 210).

Das ist für mich eine interessante Deutung: Wir können die Dinge dieser Welt nur richtig sehen, wenn wir uns mit dem Licht der Sonne vereinen, wenn wir also unser irdisches Sehen mit einem himmlischen Sehen verbinden. Wir sollen gleichsam in das Wesen der Dinge schauen.

Lukas folgert aus dieser Theorie über das Auge und das Schauen: »Wenn dein Auge gesund ist (im Griechischen heißt es: *haplous* = einfach, klar), dann wird auch dein ganzer Körper hell sein. Wenn es aber krank (Im Griechischen: *poneros* = böse) ist, dann wird dein Körper finster sein« (Lk 11,34). *Haplous* ist ein wichtiger Begriff der stoischen Philosophie. Er meint einen klaren Geist, der ohne Nebenabsichten ist, der mit sich selbst eins ist und die anderen einfach sein lässt, wie sie sind, ohne sie zu bewerten. Wenn das Auge also klar ist, ohne Nebenabsichten, wenn das Auge die Menschen sein lässt, ohne sie zu bewerten und ohne sie zu vereinnahmen, dann geht von einem Menschen mit diesem einfachen Auge Licht aus. Der ganze Mensch hat eine helle Ausstrahlung. In diesem Sinn deutet das apokryphe Thomasevangelium dieses Wort: »Es ist Licht im Innern eines Lichtmenschen, und er leuchtet der ganzen Welt. Wenn er nicht leuchtet, ist Finsternis« (Bovon, 212). Der Lichtmensch ist der spirituelle Mensch, der alles, was in ihm ist, vom Licht Jesu erleuchtet lässt. Wenn das Licht Jesu in den ganzen Leib eindringt, dann wird er eine helle Ausstrahlung haben. Und das sieht man an den Augen. Das »böse« Auge bewertet, verurteilt, lehnt den anderen ab, möchte ihn gleichsam durchbohren und hat etwas Böses im Sinn. Wenn ein Mensch solch flackernde, dunkle, gierige Augen hat, dann geht von ihm eine dunkle Ausstrahlung aus. Sein ganzer Körper erscheint finster.

Jesus schließt mit einer Mahnung: Wir sollen darauf achten, dass in uns Licht ist. Für mich bedeutet das, dass wir alles, was in uns ist, vom Licht Jesu durchdringen lassen. Und: dass wir unsere ganze Wahrheit Christus hinhalten, damit sein Licht sie verwandeln kann. Ähnlich drückt es der Epheserbrief aus: »Alles, was aufgedeckt ist, wird vom Licht erleuchtet. Alles Erleuchtete aber ist Licht« (Eph 5,13f). Der letzte Satz, mit dem Jesus seine Ausführungen über das Licht und das Auge abschließt, ist etwas schwierig zu übersetzen. Der Sinn ist nach dem evangelischen Neutestamentler François Bovon: »Wenn also dein ganzer Leib voller Licht ist, wird alles voller Licht sein. Die Wirkung des Lichtes wird sich ausbreiten von dir in deine Umgebung« (Bovon, 214). Der Leib wird dann selbst zu einer Lampe, die ihren Schein auf alle Menschen wirft, die uns begegnen.

Lukas deutet die Worte Jesu so, dass wir das Licht der Welt sind, also auf mystische Weise. Das heißt: Es geht darum, sich selbst vom Licht Jesu erleuchten und verwandeln zu lassen. Dann werden wir als Person eine helle Ausstrahlung haben und es wird von uns etwas vom Licht Jesu in diese Welt hinein ausstrahlen. Es gibt solche Menschen, von denen wir sagen: Von ihm oder von ihr geht etwas Helles aus. Wir kennen aber auch Menschen, die eine unangenehme, dunkle Ausstrahlung haben. Bei ihnen hat man das Gefühl, dass Chaos in ihrer Seele herrscht. Aber sie sind sich dessen nicht bewusst. Unsere Aufgabe ist es daher, unsere ganze Wirklichkeit, auch das Dunkle und Chaotische in uns, Christus hinzuhalten, damit sein Licht eindringen und alles verwandeln und erleuchten kann. Dann werden wir als ganze Menschen, mit unserem Leib und unserer Seele, eine lichte Ausstrahlung haben. Dann wird das Licht Christi durch uns in diese Welt hineinleuchten.

Anselm Grün

Zeichen der Zeit

LUKAS 12,49-53

Es sind rätselhafte Sätze, die Jesus hier spricht. Das erste Wort vom Feuer wurde in der Tradition sehr unterschiedlich interpretiert. Das Alte Testament kennt das Bild des Feuers, das reinigt. Aber hier ist es auch immer ein Bild des Gerichtes: Alles Unreine wird verbrannt. Die Griechen sehen das Feuer positiver: Es wärmt und erhellt. Allerdings kennen auch sie dessen zerstörende Seite. Die Kirchenväter sehen das Feuer als Bild für den Heiligen Geist. Jesus ist gekommen, das Feuer des Heiligen Geistes zu bringen, der dann an Pfingsten als Feuerzungen auf die Jünger herabkommt. Aber er hat das Feuer seiner Botschaft schon jetzt gebracht. Und so möchte er, dass sie jetzt schon die Menschen mit dem Feuer des Heiligen Geistes erfüllt. Jesu Botschaft ist nicht langweilig und kraftlos. Sie möchte wie Feuer die Herzen erwärmen, aber auch dazu antreiben, dass die Christen mit Feuereifer an ihre Aufgabe gehen, das Wort Jesu in diese Welt zu tragen.

Das zweite Wort von der Taufe nutzt das Bild des Wassers. Auch das Wasser kann reinigen – und zerstören, wenn es alles überflutet. Jesus benutzt dieses Bild, um das Geheimnis seines Todes auszudrücken. Da muss er gleichsam durch Feuer und Wasser hindurchgehen. Nur dann wird er auferstehen. Diese beiden Bilder gelten aber auch für uns und für unseren Weg der Selbstwerdung: Wir müssen durch Feuer und Wasser hindurch. Beide Elemente stehen dafür, dass vieles in uns gereinigt und ausgebrannt werden muss, damit der Christus in uns sichtbar wird, damit wir zum wahren Selbst gelangen, das nicht mehr verunreinigt ist.

Feuer und Wasser reinigen aber auch die Beziehungen. Davon spricht Jesus in den nächsten Versen, die zunächst einmal recht fremd klingen. Er ist doch der eigentliche Friedensbringer, so hat es Lukas in der Kindheitsgeschichte Jeus erzählt. Gegenüber dem Friedenskaiser Augustus bringt Jesus den Frieden durch die Liebe, die die Menschen verwandelt. Hier aber sagt er, er sei nicht gekommen, Frieden zu bringen, sondern Spaltung, Entzweiung, Teilung. Wie ist das zu verstehen? Jesus will hier sicher nicht menschliche Streitigkeiten rechtfertigen. Es geht ihm vielmehr um den wahren inneren Frieden.

Zur Zeit Jesu waren die Familienmitglieder durch enge Bande miteinander verbunden. Der Weg war den Kindern ziemlich deutlich vorgezeichnet und es blieb kaum Raum, die eigenen Wünsche zu verwirklichen. Die ersten Christen haben diese Worte Jesu häufig konkret am eigenen Leib erfahren in ihren Familien. Viele Märtyrerakten erzählen davon, dass ein Vater seine Tochter vor den Richter brachte wegen ihres Glaubens. Doch wenn wir die Worte Jesu nur auf die Situation der verfolgten und bedrängten Christen beziehen, haben sie für uns heute keine Bedeutung.

In meinen Augen will Jesus uns hier einen Weg zum wahren Frieden aufzeigen und uns davor bewahren, im Scheinfrieden zu leben. Es ist für mich ein Weg, wie ich mit mir selbst zum Frieden komme. In der Psychologie spricht man von konfluenten Persönlichkeiten. Das sind Menschen, die sich nicht abgrenzen können, deren Emotionen mit denen der anderen zusammenfließen. In manchen Familien herrscht sozusagen ein Emotionsbrei. Da werden die Beziehungen nicht geklärt. Man hängt eng zusammen. Aber dieses Zusammenhängen gibt keine Heimat und keine Geborgenheit. Es ist vielmehr ein emotionales Gebundensein. Manche Menschen sind in ihrer Familie an ihren Füßen wie mit Schlingpflanzen umgeben. Sie sind nicht frei. Da gibt es feste Familienskripte wie: »Bei uns sagt man so etwas nicht. Bei uns denkt man so nicht. Bei uns tut man so etwas nicht«. Es sind innere Gesetze, die einen binden und nicht frei sein lassen.

Jesus sagt hier: »Du musst erst alle Schlingpflanzen, die sich um deine Füße gelegt haben, zerschneiden. Du musst erst auf eigenen Füßen stehen. Dann kannst du mit den anderen in deiner Familie in einen freien und reifen Austausch treten. Aber wenn du bei allem, was du sagst, Angst haben musst, dass das von der Familie nicht gebilligt wird, dann bist du nicht frei. Dann lebst du nicht im Frieden, sondern im Scheinfrieden«. Viele trauen sich nicht auszusprechen, was sie wirklich denken. Sie passen sich an. Man lebt zwar einigermaßen in Frieden, aber das ist nur eine Oberfläche. Die verdrängten Aggressionen zeigen sich dann darin, dass einer in der Familie nicht zum Leben kommt, dass er das Leben verweigert, eine Sucht entwickelt, psychisch krank wird. Jesus will aber den freien Menschen. Wenn man frei ist, kann man sich auch auf die Familie einlassen. Ich kenne Männer, die sofort miteinander in Streit geraten, wenn sie ihre Mutter besuchen. Wenn ich mit der Mutter sofort streiten muss, bin ich noch nicht frei, stehe ich noch nicht auf eigenen Füßen. Frei sein bedeutet: Ich lasse die Mutter so, wie sie ist. Aber ich lasse mich von ihr nicht bestimmen. Ich lebe so, ich handle so, ich denke so und ich spreche so, wie es für mich stimmt.

Manchmal geht es dabei gar nicht um die äußere Beziehung zu Vater und Mutter und zur Familie, sondern um eine innere Bindung. Die Stimme des Vaters oder der Mutter ist so stark in mir, dass ich mich nicht traue, meinen eigenen Weg zu gehen. Bei allem, was ich tue, taucht diese Stimme auf. Oft ist sie rigoros und verurteilt mich sofort, wenn ich mir zum Beispiel einmal etwas gegönnt habe. Wenn wir so von den inneren Stimmen beherrscht werden, wird unsere Beziehung zur Familie negativ geprägt. Erst wenn wir unsere eigene Individualität gefunden haben, können wir ein schöpferisches Verhältnis zu unserer Familie finden. Das hat nichts mit Egoismus zu tun, sondern mit der Fähigkeit, wirklich gute Beziehungen aufzubauen.

Wie gelingt es, sich von den Schlingpflanzen zu befreien, die uns an die anderen binden? Ein Weg ist sicher, sich gut abzugrenzen, einmal Nein zu sagen und nicht zu meinen, man müsse alle Wünsche der anderen sofort erfüllen. Viele trauen sich nicht, Nein zu sagen, denn dann sind sie nicht mehr so beliebt, dann entziehen ihnen die Eltern die Zuwendung. Doch Jesus will uns ermutigen, zu uns selbst zu stehen. Wir stehen nicht gegen die anderen auf, sondern wir stellen uns auf die eigenen Füße. Dann können wir auch die anderen so stehen lassen, wie sie sind. Wir müssen sie nicht ändern. Wir stehen nicht unter Druck, sie überzeugen zu müssen von unserem Weg oder unserer Meinung. Wir lassen sie. Aber wir lassen auch uns so, wie es für uns stimmt.

Es ist normal, dass wir uns als Kinder in der Familie anpassen. So erfahren wir Geborgenheit und Sicherheit. Aber schon in der Pubertät spüren wir, dass wir uns auf die eigenen Füße stellen müssen. Spätestens wenn wir eine Beziehung eingehen, erkennen wir, dass wir uns innerlich gelöst haben müssen von den Eltern. Viele Beziehungen zerbrechen, weil dies eben noch nicht geschehen ist. Dann hat der Partner keine Chance. Die innere Bindung an Vater oder Mutter blockiert die neue Beziehung. Sie ist wie eine Schlingpflanze, die sich ständig um einen schlängelt und unfähig macht, sich ganz frei auf das Gegenüber einzulassen.

Nach diesen Worten über die Entzweiung – man könnte es auch positiver ausdrücken: über die Teilung, über die Abgrenzung – kommt Jesus auf die Zeichen der Zeit zu sprechen. Hier sind es zunächst die Zeichen am Himmel, die damals jeder Landwirt deuten konnte. An den Wolken und der Art des Windes konnte er erkennen, ob es Regen gibt oder ob es heiß wird. Interessant ist, dass Lukas hier die Wetterregeln, wie sie Matthäus in der Parallelstelle (Mt 16,2–4) beschreibt, auf seine eigene Heimat, die Ägäis und die nördlichen Mittelmeerufer, umschreibt. Denn was er hier sagt, gilt für diese Zone, aber nicht für Palästina (vgl. Bovon, 360). Jesus meint nun: Wenn wir schon die Zeichen am Himmel deuten können, dann sollten wir umso mehr die Zeichen der Zeit deuten (Lk 12,56). Aus diesen Worten hat das Zweite Vatikanische Konzil eine eigene Theologie von den »Zeichen der Zeit« entwickelt. So heißt es in der »Pastoralkonstitution über die Kirche in der Welt von heute«: Der Kirche obliegt »allzeit die Pflicht, die Zeichen der Zeit zu erforschen und im Licht des Evangeliums zu deuten. So kann sie dann in einer Weise, die jeder Generation jeweils entspricht, auf die ewigen Fragen des Menschen nach dem Sinn des gegenwärtigen und des zukünftigen Lebens und nach dem Verhältnis von beiden zueinander antworten« (Pastoralkonstitution, Nr. 4).

Zu den Zeichen der Zeit gehören für Lukas einmal die Vorgänge in der Natur. Das würden wir heute auf den Klimawandel deuten, der auch eine Herausforderung an die Theologie ist. Außerdem gelten für ihn auch geschichtliche Ereignisse als Zeichen der Zeit. Davon spricht Jesus im Lukasevangelium ein paar Verse später (Lk 13,1–5). Da erzählt Jesus zwei geschichtliche Ereignisse, einmal von den Galiläern, »die Pilatus beim Opfern umbringen ließ« (Lk 13,1) und von den »achtzehn Menschen, die beim Einsturz des Turms von Schiloach erschlagen wurden« (Lk 13,4). Beide Ereignisse sollte man als Zeichen der Zeit erkennen. Ihre Bedeutung ist, dass wir alle umkehren und umdenken sollen.

Gott spricht also nicht nur durch die Natur, sondern auch durch die Geschichte zu uns. Allerdings sollten wir uns davor hüten, Gott unsere eigene Deutung aufzudrängen. Manche Theologen sind schnell dabei, zum Beispiel die Corona-Krise als Strafe Gottes zu sehen. Sie wissen also genau, was Gott von ihnen will. Jesus fordert uns auf, danach zu fragen, was die Zeichen der Zeit bedeuten. Aber wir sollen uns davor hüten, vorschnelle Antworten zu geben. Die Antwort kann immer nur eine persönliche sein: Was will Gott mir heute sagen? Oder was will Gott uns als Kirche, als Gesellschaft heute sagen? Die Frage macht uns nachdenklich. Aber keiner kann die absolut richtige Antwort geben. Wir können immer nur nach dem Willen Gottes fragen, uns aber nicht über Gott stellen und genau wissen, was er denkt. Die Zeichen der Zeit sind immer eine Einladung zur *metanoia*, zum Umdenken und Umkehren. Wir werden herausgefordert, anders über uns und unserer Welt zu denken und uns von dem neuen Denken zur Umkehr, zu einem neuen Handeln bewegen zu lassen.

Bernd Deininger

Wir sind Geladene

LUKAS 14,17-24

»Hochmut kommt vor dem Fall«. Dieses Sprichwort ist tief in unsere Sprache eingesickert und jeder, der es hört, weiß, was damit zu verbinden ist. In der Regel spiegeln derartige Sprichwörter eine allgemeine Einsicht wider, und in vielen Alltagssituationen können dafür Bestätigungen gefunden werden. Schon beim regelmäßigen Verfolgen von Nachrichten im Radio, in der Zeitung oder in den sozialen Medien hört man vom Absturz von Prominenten, meist aus dem Showbusiness oder der Politik, worin sich dieser Satz bestätigt. Manchmal sind diese Nachrichten mit einer gewissen Schadenfreude verbunden, denn mancher Sturz hat sich schon vorher abgezeichnet.

Zu diesem deutschen Sprichwort gibt es eine Parallele im Hebräischen. Dort heißt es: »Jeder, der sich selbst erhöht, wird niedrig gemacht werden, und wer sich selbst niedrig macht, wird erhöht werden«. Werfen wir einen Blick auf große Teile des gesellschaftlichen Lebens in unserer westlichen Welt. Sehr häufig geht es darum, dass über gesellschaftliche Einladungen Kontakte geknüpft werden müssen, um beruflich weiterzukommen. Es ist gut, vernetzt zu sein, viele Menschen zu kennen und für sie auch eine gewisse Bedeutung und Wichtigkeit zu haben. Ich kenne einige Menschen, die schon Tage und Wochen vor einer solchen Einladung Überlegungen anstellen und Vorbereitungen treffen: Wie muss man sich kleiden? Wie muss man auftreten? Welche Themen muss man vorbereiten, um sie zu gegebener Zeit im Gespräch richtig anwenden zu können, und so für die anderen Gesprächsteilnehmer besonders interessant zu sein?

Manche berichten, dass sie es bei derartigen Einladungen oft so erleben, als ob sie einen Test in Anstand, gutem Benehmen, richtigem Auftreten und intellektuellen Fähigkeiten absolvieren müssten.

Häufig geht es jedoch einfach darum, sich selbst gut darzustellen und zu repräsentieren. Bei manchen Empfängen, ob sie nun von politischen Parteien, der Kirche oder auch von privaten Institutionen organisiert werden, fühlt man sich wie auf einem »Jahrmarkt der Eitelkeiten«. Ich höre von vielen, dass die Gespräche sich dann ausschließlich um Äußerlichkeiten und Oberflächliches drehen. Es geht immer um Dinge, die von den existenziellen Nöten und Bedürfnissen der Menschen, die an diesen Gesprächen teilnehmen, weit entfernt sind, und eigentlich nie oder bestenfalls ansatzweise um solche, die etwas mit dem inneren Befinden des Einzelnen zu tun haben. Es besteht kein Interesse an einem tiefergehenden Gespräch, sondern das löst im Gegenteil eher Ängste aus, sodass eine emotional-menschliche Begegnung nicht stattfinden kann.

Was könnte die Ursache für diese Art von Kommunikation sein? Letztendlich sind es wohl starke Ängste, von anderen negativ beurteilt zu werden. Wenn im Vordergrund der Wunsch steht, bei anderen Gesprächsteilnehmern als attraktiv, intelligent und witzig zu gelten, ist es notwendig, sich so zu verhalten, dass die anderen ihn für wichtig erachten und seine Nähe suchen. Das kostet aber einige Anstrengung und setzt voraus, sich so auf die anderen einzustellen, dass Eigenes völlig in den Hintergrund tritt. Nur die Reaktion der anderen ist dann wichtig. Den anderen wird es, so ist zu vermuten, jedoch ähnlich gehen. Das führt dazu, dass es zu Konkurrenzgefühlen kommt, was dann erneut Ängste und Aggressionen schürt. Durch diese Konkurrenzsituation werden in noch höherem Maß menschliche Begegnungen verhindert.

Ich höre oft, dass Menschen von derartigen Einladungen mit einer inneren Leere, Abgeschlagenheit und Traurigkeit nach Hause zurückkommen, oft gepaart mit körperlichen Missempfindungen, die sich meist im Magen-Darm-Trakt manifestieren. Eine innere Unruhe ist entstanden und das Gefühl, die Zeit vertan zu haben, macht sich breit. Beim Nachdenken über derartige gesellschaftliche Begegnungen wird dem Einzelnen deutlich, dass sich solche Kontakte nicht lohnen. Wenn im Vordergrund steht, dass andere nur dazu da sein sollen, um auf der Karriereleiter nach oben zu steigen, bleibt meist nur ein Leeregefühl zurück.

Wer es nicht versteht, gesellschaftliche Kontakte zu knüpfen, wer nicht »die Klinken schmieren« kann, damit sich die Türen öffnen, der wird schnell abgehängt werden und in der zweiten Reihe stehen. Das bedeutet jedoch ein anstrengendes Leben. Denn jeder versucht, auf ähnliche Weise zu etwas zu kommen, und jeder möchte möglichst hoch hinauf, am besten auf einen der vordersten Plätze. Ein ständiger Rivalitätskampf ist die Folge. Wer kann es noch besser? Wer verdrängt den anderen von seinem Platz? Am besten dadurch, dass er sich schon selbst einmal hinsetzt. Für viele Menschen ist das ein ständiger Nervenkrieg, der über die Jahre krank macht und in Einzelfällen sogar zum Tod führen kann. Ich habe viele Patienten, meist Männer in gehobenen Positionen, die im Alter zwischen fünfzig und sechzig Jahren von dieser Art des Umgangs miteinander so erschöpft sind, dass sie in ein tiefes Loch geraten, von Antriebslosigkeit, Sinnverlust und Ängsten befallen werden. Sie wissen am Ende nicht einmal mehr, wozu sie da oder dort gewesen sind und wofür sie sich über Jahrzehnte hinweg verbogen haben. Manchmal begegne ich Menschen, die gerne das Nichtige als das Wertvolle verteidigen, und sie reden sich dann ein, dass all dies, was sie getan haben, doch für irgendetwas gut gewesen sein muss. Wenn ihnen dann jedoch kein Grund einfällt, bleiben häufig nur noch die eigenen Kinder übrig: Für die haben sie sich verbogen, die sollen es besser haben als sie selbst, für die haben sie sich krummgelegt und angestrengt, Kontakte geknüpft und ein Netz gesponnen. Wenn die Kinder jedoch rückmelden, dass sie das gar nicht wollten, dass es dafür also gar keinen Dank gibt, gelingt es auch diesen Menschen nicht mehr, sich ihr Verhalten schönzureden. Letztendlich geht es um die Frage: Hat sich das Leben in dieser Weise für uns selbst gelohnt oder haben wir es vertan?

Eines meiner beeindruckendsten Erlebnisse hatte ich in dieser Hinsicht mit einem jungen Patienten. Es handelte sich um einen 32-jährigen Mann, der nach einem Physikstudium ins Berufsleben eintrat. Schon bald wurde deutlich, dass er insbesondere mit männlichen Vorgesetzten ein ambivalentes Verhältnis hatte. Zum einen versuchte er alles, um bei seinem Vorgesetzten angesehen zu sein, als fleißiger Mitarbeiter zu gelten, dem man alle Aufgaben übertragen kann. Zum anderen suchte er bei ihnen nach Fehlern und Schwächen, um sie, zumindest innerlich, zu entwerten. Er machte viele Überstunden, hatte keine Zeit mehr für seine Freunde und Hobbys und vereinsamte immer mehr. Der Grund, warum er zu mir in Behandlung kam, war, dass sein Vorgesetzter an allem, was er tat, etwas Negatives fand und er es ihm nie rechtmachen konnte. Das trieb ihn über die Zeit in eine schwere Depression, die zur Arbeitsunfähigkeit führte.

Erwähnenswert ist, dass er als mittlerer von drei Geschwistern aufgewachsen ist. Es gab eine um zwei Jahre ältere Schwester sowie einen um fünf Jahre jüngeren Bruder. Die Geschwister hatten kaum emotionalen Kontakte untereinander. Seine Mutter beschrieb er mir als frustrierte Frau, die wegen der Karriere des Vaters ihre eigenen beruflichen Ambitionen zurückstellen musste. Sie war Gymnasiallehrerin, schied aber als Studienrätin aus dem Schuldienst aus. Sein Vater war Mediziner und hatte eine universitäre Laufbahn eingeschlagen. Er war ständig auf Kongressen, hatte viele berufliche Kontakte, war aber auch in gesellschaftlichen Institutionen (Rotarier, politische Partei) engagiert. Darüber hinaus war er im Vorstand eines Golfclubs. Mein Patient berichtete, dass er den Vater während seiner gesamten Kindheit kaum wahrgenommen hat. An den Wochenenden saß er im Labor oder war auf irgendwelchen Veranstaltungen. Wenn die Mutter aus gesellschaftlichen Gründen mit ihm unterwegs war, wurden sie von einer Kinderfrau betreut. Er kann sich noch gut an seine Sehnsucht erinnern, vom Vater gelobt oder zumindest gesehen zu werden. Er strengte sich in der Grundschule sehr an, war der Klassenbeste, wechselte aufs Gymnasium und konnte sich auch dort, auf die Leistung bezogen, immer im vorderen Feld platzieren. Wenn es Zeugnisse gab, warf der Vater nur kurz einen Blick darauf und meinte, er hielte es für selbstverständlich, dass seine Kinder die besten Schüler seien.

Das einschneidendste Erlebnis war dann für ihn, dass der Vater plötzlich starb. Damals war er vierzehn. Der Vater war sozusagen am Ende der Karriereleiter angelangt, was mit einer neuen Stelle verbunden war. Kurz, nachdem er diese angetreten hatte, erlitt er einen Herzinfarkt. Nach dem Tod des Vaters zog sich die Mutter emotional noch stärker zurück. Es gab keine Trauerarbeit, der Tod musste verdrängt werden, und die Mutter wurde noch abweisender und frustrierter. Bei meinem Patienten führte das dazu, dass er sich noch mehr anstrengte, noch stärker über Leistung Zuwendung erhalten wollte, was aber nicht gelang. Das Gefühl, dass er nur durch Leistung gesehen wird, hatte sich so in ihm verfestigt, dass er dem alles andere unterordnete. Das hatte zur Folge, dass er keine partnerschaftliche Beziehung aufbauen konnte und seine übrigen Beziehungen alle zweckorientiert waren. Im therapeutischen Prozess konnte herausgearbeitet werden, dass er sich ganz mit dem Vater identifizierte und dessen Leben nachlebte. Ohne die Entwicklung von depressiven Symptomen hätte er wahrscheinlich auch ein ähnliches Ende gefunden. Er stellte fest, dass er völlig am Leben vorbeigelebt hatte. Die unerfüllte Sehnsucht, vom Vater gesehen zu werden, konnte er nur über die Identifikation mit ihm lösen. Bei dem Gefühl, am Leben vorbeigelebt zu haben und alles der Leistung und dem äußeren Erscheinungsbild unterzuordnen, war er dem Vater ganz nahe. Der

Preis allerdings war sehr hoch. Den Vater kostete dies das Leben. Bei meinem Patienten waren es die Depression und die zerbrochenen Beziehungen.

Wenn wir uns nun dem Gleichnis nähern, so zeigt es, dass Äußerlichkeiten, gesellschaftliche Konventionen, Leistungsorientiertheit, Positionsrangeleien, Egozentrismus und narzisstisches Rivalisieren Dinge sind, die am Leben vorbeiführen. Das Gleichnis möchte uns sagen, dass es um etwas anderes geht, nämlich wie wir uns im Leben selbst fühlen können und was es bedeutet, sich emotional auf andere Menschen einzulassen.

Wenn wir den Text so betrachten, dass wir uns als wirklich Eingeladene fühlen dürfen, als Menschen, die direkt gemeint sind, dann spielen Titel und Amt keine Rolle. Das bedeutet, dass wir nicht um eine Eintrittskarte kämpfen und nicht ständig beweisen müssen, wie gut wir sind und wie wichtig, sondern dass es genügt, als Menschen da zu sein. Das führt zu menschlichen Begegnungen ohne Konkurrenz und Leistungsdruck. Wenn wir uns darauf einlassen, können wir ein Leben führen, das entspannend und innerlich beruhigend ist. Es gäbe nichts mehr zu erobern, es wäre uns einfach so geschenkt, es käme nicht mehr darauf an, sich durchzusetzen und andere zur Seite zu drängen. Letztendlich würden wir uns auf unserem Platz, dort, wo wir sind, geborgen und sicher fühlen. Daraus kann sich eine Grundhaltung entwickeln, die von Toleranz und Verständnis für andere geprägt ist und Nähe zulässt. Es würde bedeuten, in Zukunft nicht denjenigen einzuladen, von dem man sich erhofft, dass er einem auf der Karriereleiter weiter nach oben verhilft, sondern den, der sich öffnet und der es ermöglicht, sich emotional einzulassen.

Das Gleichnis möchte deutlich machen, dass jedes Leben erwünscht ist, dass sich jeder Mensch als eingeladen, als berufen betrachten kann. Selbst wenn Kinder von ihren Eltern nicht gewollt sind, wenn Mütter oder Väter sich von ihnen abwenden, steht doch ganz sicher fest, dass ihr Leben zumindest von Gott gewollt ist, sonst gäbe es uns nicht auf dieser Welt. Dieses Gefühl, zumindest von Gott an die Tafel geholt zu werden, lohnt sich zu verinnerlichen, gerade wenn jemand in schwierigen emotionalen Verhältnissen aufgewachsen ist. Dieses Gefühl, dazuzugehören und ein Recht auf Leben zu haben, weil es von Gott gewollt ist, hilft dabei, sich nicht endlos durch das eigene Dasein zu quälen, um sich seiner Lebensberechtigung zu versichern. Es wäre dann möglich, ruhig dabei zu sein, den anderen gelten zu lassen und selbst einfach den Ort einzunehmen, an den einen das Schicksal gestellt hat. Mehr als diesen Platz auszufüllen, der für uns richtig ist, ist eigentlich nicht nötig. Denn wenn wir das auf uns wirken lassen, können wir unser ganzes Dasein, unsere ganze Existenz als ein Geschenk erleben, das uns demütig macht.

Das Einzige, was uns im Gedächtnis und häufig auch im Alter bleibt, sind Beziehungen, in denen es nicht darauf ankam, dass sie sich wirtschaftlich rechnen, sondern wir das Gefühl hatten, vom anderen verstanden und ernst genommen worden zu sein. Dieses Gefühl des gegenseitigen Verstehens und Annehmens macht uns zu Menschen, die Ruhe und Güte ausstrahlen können. Wer das Kalkül von Investition und Rendite gänzlich aufgeben kann, wer nicht mehr fragen muss: »Was habe ich davon?«, der kann vieles, das auf ihn zukommt, gelassener und unaufgeregter betrachten.

Mein Patient hat in seinem therapeutischen Prozess verstanden, dass es sich nicht lohnt, aus Angst, nicht gesehen zu werden, sein Leben lang gegen die anderen zu kämpfen. Er konnte sich an seinem Arbeitsplatz von dem Bedürfnis freimachen, um jeden Preis von seinem Vorgesetzten Anerkennung zu bekommen. Er hatte verstanden, dass er bei seinem Chef das einklagen wollte, was ihm der Vater nicht gegeben hatte. Als es bei ihm zu einer inneren Veränderung kam, entspannte sich auch das Verhältnis zu seinem Vorgesetzten, der ihm schließlich auch seine Wertschätzung zeigte.

»Wir sind Geladene« – das Gefühl, dazuzugehören und Gast zu sein, ohne etwas leisten zu müssen, Gast zu sein, nur weil es uns so gibt, wie wir sind, ist etwas Wunderbares. Es kann uns im Leben tragen und Halt geben. Dass Gott es ist, der uns ganz basal und auf unser Dasein bezogen einlädt, dass er es ist, dem wir wichtig sind, schafft die Möglichkeit, gütig zu werden und einen Beitrag zu Toleranz und Verständnis in der Welt zu leisten.

»Komm zu dir, lass dich einladen! So findest du Gott, und so bist du bei Gott« – dieser zentrale Gedanke stärkt uns in unserem Menschsein und gibt uns über die Gottesnähe zugleich Kraft, eigene Unzulänglichkeiten gelassen zu ertragen.

Anselm Grün

Denken hilft!

LUKAS 14,28-32

Jesus erzählt zwei Gleichnisse, die mich persönlich immer wieder berührt haben, weil ich mich darin selbst wiedergefunden habe. Das erste Gleichnis erzählt vom Turmbau. François Bovon meint, es handelt sich dabei vermutlich um den Turm, den ein Bauer in seinem Weinberg baut, als Schutz für die Mitarbeiter und als Lagerplatz für den Wein und das Werkzeug. Es geht also um eine recht alltägliche Tätigkeit. Jesus erzählt hier keine historische Begebenheit. Vielmehr beginnt er mit der für die Gleichnisse im Lukasevangelium typischen Frage: »Wer unter euch ...?«. Jesus konfrontiert uns also sofort mit seinen eigenen Gedanken und lädt uns ein, nicht so töricht zu handeln wie der Bauherr, der anfängt zu arbeiten und dann merkt, dass er zu wenig Mittel hat, zu wenig Geld, aber auch zu wenig Kraft, um den Turm fertig zu bauen. Also sollen wir uns zunächst einmal hinsetzen und genau überlegen, was wir planen. Lukas liebt es, das geistige Tun des Nachdenkens und Berechnens auch auf körperliche Weise auszudrücken. Das heißt: Ich muss mir erst einmal Zeit nehmen, mich hinzusetzen und genau zu überlegen und vielleicht auch mit dem Bleistift zu berechnen, wie viel Mittel mir zur Verfügung stehen. Wenn ich das nicht tue, habe ich einen doppelten Schaden: Ich kann meinen Turm nicht vollenden und die in der Nähe wohnenden Bauern verspotten mich. Sie beobachten genau, was ich tue. Hier hat Lukas das Wort theorein verwendet. Es meint nicht nur ein äußeres Sehen, sondern: mit Aufmerksamkeit verfolgen und genau wissen wollen, was mit dem anderen los ist. Die Nachbarschaft wird mich also genau beobachten. Und wenn ich den Turm nicht vollenden kann, werde ich für sie zum Gespött.

Es geht also in diesem Gleichnis um die Weisheit, »nicht nur zu wissen, was wir wollen, sondern auch abzuschätzen, ob wir die Mittel dazu haben, es zu vollbringen« (Bovon, 541). Man könnte das allgemeiner verstehen: Wenn ich Jünger Jesu werden will, muss ich mich erst hinsetzen, ob ich dazu fähig bin, ob ich genügend innere Kraft habe, mich auf die Nachfolge einzulassen. Doch für mich bedeutet das Gleichnis noch etwas anderes. C. G. Jung sieht im Turm ein Bild der eigenen Selbstwerdung. Er hat selbst an einem solchen Turm gebaut. Für ihn war er das äußere Bild für das, was in ihm gewachsen ist. In der lauretanischen Litanei wird Maria als »Turm Davids« besungen. Hier ist der Turm ein Bild für den Schutz, den uns der Glaube schenkt. Er kann auch ein Bild sein für philosophisches Denken und für Meditation. Wir sprechen davon, dass jemand in seinem Elfenbeinturm sitzt und über die Welt nachdenkt. Maria wird ebenfalls mit einem elfenbeinernen Turm verglichen. Sie ist das »reine Gefäß«, das Jesus, den Spross Davids, in sich trägt. In der christlichen Tradition ist der Turm ein Symbol für die Wachsamkeit: Die Wächter spähen vom Turm aus, ob Feinde heranrücken.

Ich möchte vom Bild der Selbstwerdung ausgehen: Es gibt Menschen, die an ihrem Lebenshaus bauen, an ihrem Lebensturm. Aber sie haben zu große Bilder von ihrem eigenen Selbst. Sie blähen sich auf und meinen, sie könnten ihr Lebenshaus so bauen, dass es ihren Größenfantasien entspricht. Doch ihre Illusionen werden irgendwann zerbrechen und je größer sie sich nach außen dargestellt haben, desto größer wird der Spott der Menschen sein.

Andere machen sich von sich selbst zu kleine Bilder. Sie trauen sich nichts zu. Sie bauen einen zu kleinen Turm. Viele Steine, die sie für den Turmbau vorbereitet haben, bleiben dann ungenutzt liegen. Wichtig ist, dass wir uns hinsetzen, uns Zeit nehmen und über das eigene Leben nachdenken: Wie viel Material steht mir für den Bau meines Lebensturms zur Verfügung? Das »Material« sind meine Stärken und Schwächen, auch die Verletzungen, die ich erlitten habe, und die Erfahrungen von Kraft und Durchhaltevermögen. Man könnte sagen: Das Material, mit dem ich baue, ist meine Lebensgeschichte mit allen Höhen und Tiefen. Ich soll meinen Turm nicht mit anderen vergleichen. Es ist nicht wichtig, ob er höher oder niedriger ist als die anderen. Es soll mein eigener, ganz persönlicher Turm sein. Dann hat er seine eigene Schönheit, weil er meiner einmaligen Person entspricht. In diesem Turm kann ich mich wohlfühlen. Da bin ich beschützt. Und von diesem Turm aus kann ich wachsam auf das schauen, was sich mir nähert. Ich kann entscheiden, wen ich in meinen Turm eintreten lassen möchte und vor wem ich mich lieber schützen möchte.

Ähnlich beginnt das zweite Gleichnis: »Welcher König …?«. Hier geht es darum, dass ein König in den Krieg zieht gegen einen anderen. Nun steht die entscheidende Schlacht bevor, bei der die beiden Heere aufeinandertreffen. Auch der König, der mit zehntausend Soldaten in den Krieg zieht, muss sich zunächst hinsetzen und darüber nachdenken, ob es sich lohnt, gegen den andern König zu kämpfen, der ihm mit zwanzigtausend Soldaten entgegenkommt. Wenn er sich diese Zeit zum Überlegen nimmt, wird er erkennen, dass er keine Chance hat, den Sieg davonzutragen. Er würde seine ganze Energie damit verschwenden, sich gegen den anderen zu verteidigen, und keine mehr übrig, um zu siegen. Daher ist es klüger, mit dem Feind Frieden zu schließen. Wenn ich im Bild des Gleichnisses bleibe, dann wird so das Land des Königs weiter, denn es hat auch teil am Land des anderen Königs. Und wenn er aus den Feinden Freunde macht, wächst sein Heer auf dreißigtausend Soldaten.

Für mich war dieses Gleichnis eine wichtige Lehre auf meinem spirituellen Weg. Als ich ins Kloster eingetreten bin, dachte ich, dass ich mit meinen »zehntausend Soldaten«, mit meiner Disziplin, meiner Willenskraft, mit meinem Ehrgeiz alle meine Fehler und Schwächen bekämpfen und besiegen könnte. Doch dann musste ich die Erfahrung machen, dass das nicht gelingt, dass ich mit diesem Ansinnen scheitern musste. Da war mir dieses Gleichnis eine heilsame Lehre. Wenn ich Frieden schließe mit meinen Schwächen, mit meiner Empfindlichkeit, mit meiner Angst, mit meiner Schüchternheit, mit meinem mangelnden Selbstvertrauen, werde ich stärker, dann bekommt mein Leben eine neue Weite. Ich vergeude meine Kraft nicht in Grabenkämpfen. Wenn ich Frieden schließe, wachsen mir eine neue Kraft und eine neue Lebendigkeit zu.

Ich erlebe die Wahrheit dieses Gleichnisses bei Menschen, die gegen ihre Angst kämpfen. Je mehr sie das tun – sei es mit dem Gebet oder mit psychologischen Methoden – desto stärker wird die Angst. Sie sollen mit ihrer Angst Frieden schließen, dann wird sie nicht mehr Feindin sein, sondern zur Freundin werden. Die Angst macht sie aufmerksam, dass sie die Grundannahmen ihres Lebens überprüfen und von ihrem Perfektionismus lassen sollten. Oder sie lädt sie ein, genauer hinzuschauen, wie sie reagieren könnten auf ein eventuelles Scheitern im Beruf, auf eine etwaige Krankheit oder den drohenden Tod. Die Angst könnte dann die Augen öffnen für die Möglichkeiten, die sie haben. Sie könnten überlegen, wie sie ihre Arbeit anders organisieren. Die Angst vor der Krankheit und vor dem Tod zeigt uns, dass beides möglich ist. Aber sie will uns aussöhnen mit unserer Endlichkeit und uns zugleich dazu einladen, dass wir weder durch Krankheit noch durch den Tod aus den liebenden Händen Gottes fallen können.

Bernd Deininger

Vernunft und Glaube als Voraussetzung für den Zugang zum eigenen Ich

LUKAS 15,1-10

Jesus hat sich in seinem gesamten Wirken besonders um die gefallenen und ausgestoßenen Menschen gekümmert. Zur damaligen Zeit wurden zum Beispiel die Zöllner und Dirnen als Sünder bezeichnet und gerade sie lud er ein, sich mit ihm ins Gespräch zu begeben. Es gibt viele Äußerungen Jesu dazu. Exemplarisch möchte ich den Satz herausgreifen: »Ich bin nicht gekommen zu den Gesunden, mein Vater hat mich gesandt zu den Kranken«.

Wenn man mit heutigem tiefenpsychologischen Verständnis an dieses Verhalten herangeht, so ist zu vermuten, dass Jesu Bereitschaft und Fähigkeit, mit Menschen in Kontakt zu treten, die außerhalb der Gesellschaft standen, mit seiner eigenen Lebenserfahrung in Beziehung standen. Jesus hatte in seinem Leben selbst die Erfahrung gemacht, und zwar schon kurz nach seiner Geburt, was Angst vor Vernichtung oder Ausgestoßensein bedeuten können. Ich denke dabei an die frühe Traumatisierung durch die Flucht nach Ägypten, die erforderlich war, weil Herodes alle jüdischen Kinder, insbesondere die Knaben, ermorden ließ.

Dieses Gefühl, wegen seiner Abstammung oder seines Geschlechts bedroht und verfolgt zu werden, hat ihn sicherlich sehr geprägt. Das ist insofern wichtig, um zu verstehen, warum in der kurzen Zeitspanne seines öffentlichen Wirkens eines seiner zentralen Anliegen war, gerade die Verfolgten und Ausgegrenzten in die Gesellschaft hineinzunehmen und zu verstehen, was sie zu Ausgegrenzten gemacht hatte. Er ging davon aus, dass Gott als der Vater aller Menschen zu betrachten ist und deshalb Aussonderung und Abgrenzung des Fremden bedeutete, Brüder und Schwestern auszuschließen.

Bei der oben genannten Bibelstelle handelt es sich um ein sogenanntes Doppelgleichnis. Wenden wir uns zunächst dem kurzen Gleichnis von der verlorenen Drachme zu (Verse 8–10), in dem eine Frau im Mittelpunkt steht. Im Lukasevangelium tauchen häufig beispielhaft alleinstehende Frauen oder Witwen auf. Für die damalige Zeit war das eher unüblich, denn die patriarchal geordnete Gesellschaft schrieb den Frauen vor, sich meist über ihre Männer zu definieren. Bei Lukas allerdings ist dies wesentlich anders. Er stellt Frauen dar, die auf eigenen Füßen stehen, die sich selbst um ihre Angelegenheiten kümmern müssen und sich als Frauen und nur als Frauen einen Platz in der Gesellschaft sichern mussten. In dem Gleichnis geht es deshalb nicht um die Beziehung dieser Frau zu irgendeinem Mann, sondern primär um die Beziehung zu sich selbst, um ihren eigenen Stand und ihre Position, die sie in der Gesellschaft hatte.

Es wird von zehn Drachmen gesprochen. Wenn wir einen Blick auf die Zahlensymbolik werfen, bedeutet die Zehn häufig, dass etwas abgeschlossen und rund ist, in gewisser Weise als vollkommen zu werten ist. Wenn wir die zehn Drachmen in Beziehung zu der beschriebenen Frau setzen, so kann man es so verstehen, dass der, der zehn Drachmen besitzt, sich ganz und innerlich reif in seiner Persönlichkeit und sicher in der Welt fühlen darf. Doch nun geht eine Drachme verloren. Die Sicherheit und Ganzheit geraten ins Wanken. Wenn nur noch neun Drachmen vorhanden sind, ist die Ganzheit verloren. Es breiten sich Unsicherheit, Angst und Unruhe aus. Diese Unsicherheit und Angst ergreifen die Frau so sehr, dass sie ihre innere Mitte, ihre Ruhe einbüßt. Menschen, die ihre innere Mitte verloren haben, können zwar äußerlich gut funktionieren, häufig fehlt es aber an Kraft und Klarheit, um das Leben sinnvoll gestalten zu können. Die verlorene Drachme kann beispielhaft für eine Beziehungsstörung in einer Partnerschaft stehen, zum Beispiel eine außereheliche Affäre, was zu einem Vertrauensschwund in der Beziehung führte.

Ein Beispiel: Eine Lehrerin hat sich in einen Kollegen in der Schule verliebt und sich bei einem Klassenausflug einmal mit ihm eingelassen. Als ihr Mann zufällig beim Ausleeren des Papierkorbs einen Zettel des Kollegen fand, auf dem er in zwei Sätzen seiner Frau von einer schönen Nacht schrieb, geriet er völlig aus der Balance und wurde von Verlassenheitsängsten überflutet. Er konnte zwar noch seine Tätigkeit in seinem Ingenieurbüro verrichten, hatte jedoch massive Schlafstörungen, innere Unruhe und war appetitlos. Er fühlte sich verloren, aus seiner Mitte gefallen und unausgeglichen.

Er kam zu mir in die Praxis und wir machten uns mithilfe des therapeutischen Prozesses sozusagen auf die Suche nach der verlorenen Drachme, um zu verstehen, wie und warum es zu dem Vertrauensbruch gekommen war. Beide Partner mussten sich mit ihrem Inneren, mit ihren Gefühlen dem anderen gegenüber beschäftigen und Defizite benennen, die in der Beziehung bestanden. Dies bedeutete, eigene Anteile anzunehmen und herauszuarbeiten, die für die Krise verantwortlich waren.

Die Frau im biblischen Gleichnis spürte ebenfalls, dass sie ihre Mitte verloren hatte, und so begab sie sich auf die Suche nach dieser zehnten Drachme, um wieder zu ihrer Mitte zurückzufinden. Um besser sehen zu können, zündet sie eine Lampe an. Das Licht war nötig, um in das Dunkel hineinzuschauen, wo in der eigenen Persönlichkeit verborgene und verdrängte Gefühle schlummerten, die sie aus ihrer Mitte hinausgeworfen hatten. Auch das beschriebene Paar benötigte das Licht des Verstandes, um über den therapeutischen Prozess herauszufinden, wie es geschehen konnte, dass verborgene Gefühle nicht zur Sprache kamen und nicht wahrgenommen wurden. Das Licht, um ins Dunkel hineinzuschauen, eröffnet den Zugang zum eigenen Unbewussten. Im Gleichnistext spielt neben dem Aspekt, über den Verstand in das Innere zu schauen, auch der Glaube eine große Rolle. Der Evangelist zeigt auf, dass Vernunft und Glaube in einem direkten Zusammenhang stehen und dass beide Ebenen nötig sind, um Licht ins Dunkel zu bringen.

In Therapien geht es also neben differenzierter, kognitiver Wahrnehmung eigener Unzulänglichkeiten auch um die Erfahrung, dass verdrängte Gefühle noch einmal nachempfunden werden können. Dazu bedarf es aber auch eines Glaubens, der die Sicherheit verleiht, dass das Freilegen belastender Gefühle hilfreich und weiterführend ist. Mit dem Vertrauen, dass kognitive Einsicht und emotionales Durchleben verdrängter Gefühle den Weg zur eigenen Mitte freimachen, können dann Veränderungen möglich werden.

In der Sprache des Gleichnisses wird dies »Säuberung« genannt. Es ist möglich, den Schmutz wegzufegen, um dann genau hinsehen und sorgfältiger suchen zu können. Psychische Symptome entstehen meist dann, wenn eine Selbstentfremdung und ein Selbstverlust spürbar werden. Wenn verdrängte und bedrohliche Gefühle unter dem Schmutz, der weggekehrt wird, nach oben dringen und sichtbar werden, bildet sich die Selbstentfremdung zurück. Die verborgene Drachme wird wiedergefunden, und innerlich entstehen Ruhe und Zufriedenheit, die die Ängste und Enttäuschungen zurückdrängen. Wenn die Beziehung zum eigenen Selbst, zum eigenen Inneren intakt ist, ist es auch möglich, wieder in ehrliche und vertraute Beziehungen nach außen zu treten. Menschen, die sich selbst finden, finden auch schnell Beziehungen zu anderen. Im Gleichnis ist es der Frau dann möglich, ihre Freundinnen und Nachbarinnen zusammenzurufen.

In diesem Text wird deutlich, dass wir alle in unserer Lebensgeschichte Phasen durchlaufen, in denen wir uns nicht mehr im Gleichgewicht fühlen, wo wir selbst in Ängsten und Unsicherheiten gefangen sind und uns verloren glauben. Im Licht des Verstandes und des Glaubens, dass emotionale Erfahrungen nötig sind, besteht die Möglichkeit, Unbekanntes und Verdrängtes in uns selbst sichtbar zu machen und die Unsicherheit zu überwinden.

Im Gleichnis wird jedoch noch mehr angesprochen: Viele Menschen haben sich gerade in der Lebensmitte gut eingerichtet. Sie haben Karriere gemacht, das Familienleben ist intakt, man genießt Anerkennung und Wertschätzung im Freundeskreis. Und gerade, weil alles vordergründig so gut ist, das Leben aber gleichzeitig an Spannung verloren hat, kommt es zu Krisen und Brüchen. Sattheit und Unantastbarkeit führen oft in innere Unordnung. Dies ist aber häufig nötig, um uns zu besinnen, auf die Suche nach einer verlorenen und von Schmutz bedeckten Drachme zu gehen, damit wir uns nicht von uns selbst entfremden.

Das gilt auch für größere Zusammenhänge: Wie wir als globale Gesellschaft im Jahr 2020 erlebt haben, hat ein Virus uns unsere Sicherheit und Ruhe genommen. Es hat sowohl individuell als auch gesamtgesellschaftlich erhebliche Unordnung geschaffen. Aber gerade diese Unordnung ist erforderlich, um ein Nachdenken darüber in Gang zu bringen, ob es nicht eine trügerische Sicherheit war, in der wir uns wähnten, da die globale Welt das wirtschaftliche Leben in der Weise, wie es von den westlichen Nationen gelebt wurde, nicht mehr aushält. Diese Krise schafft auch für jeden von uns die Möglichkeit, den Raum der eigenen Seele auszukehren und zu schauen, welche Gründe wir in uns selbst finden, dass wir aus unserer Sicherheit und Mitte geworfen wurden.

Schauen wir nun auf das erste, sehr bekannte Gleichnis vom guten Hirten (Verse 1–7). Für Platon, den großen griechischen Philosophen, lag das Ziel des menschlichen Lebens darin, dass jeder sein wahres Selbst, seine ursprüngliche Seele erkennt. In dieser Tradition stand auch Jesus, der in all seinen Kontakten und Beziehungen die Menschen immer dahin zu bringen suchte, ihr wahres Selbst zu finden und damit den göttlichen Kern, den jeder in sich trägt. Im

Gleichnis vom guten Hirten stehen die Schafe symbolhaft für die Menschen: Es lohnt sich, wenn eine Gruppe von Menschen Nachteile aushält und hinnimmt, wenn sie damit einen anderen Menschen entlastet und weniger Schaden zufügt. Einer, der gerettet wird, ist es wert, dass alle anderen ihr Leben in irgendeiner Weise verändern.

Wenn ein Hirte mit hundert Schafen unterwegs ist, am Abend seine Tiere zählt und feststellt, dass ein Tier fehlt, dann dieses Tier sucht, ist in gewisser Weise selbstverständlich. Wenn er es nicht tun würde, nimmt er in Kauf, dass seine Herde in kurzer Zeit immer kleiner wird und sich irgendwann auflöst. Der wirtschaftliche Schaden wäre dann enorm. Wenn wir dies auf unser menschliches Leben übertragen, kann man davon ausgehen, dass in der Gruppe von 99 Menschen eine größere Sicherheit vorhanden ist, eine größere Möglichkeit besteht, sich gegenseitig zu schützen, als wenn einer alleine das Leben bewältigen soll. Es ist deshalb wichtig, sich im Bild des Gleichnisses mit allen zugleich zu identifizieren und sich in die jeweilige Perspektive hineinzuversetzen: die des Hirten, des verlorenen Schafes sowie der 99 anderen Schafe. Aus der Perspektive des Hirten ergeben sich folgende Überlegungen: Ist es nicht gut, sich um die zu kümmern, die sonst keine Chance haben? Ist es nicht wichtig, Menschen, die drangsaliert werden und die aufgrund ihrer Lebensumstände Hunger und Verfolgung erleiden, zu stützen und sich ihnen zuzuwenden? Natürlich ist es wichtig, sich um die Verlorenen und Verlaufenen zu kümmern. Wir als Christen haben ein Interesse an Randseelsorge, an der Arbeit mit Ausgeschlossenen. Wir müssen zur Kenntnis nehmen, dass viele Menschen verängstigt sind, in ihren neurotischen Strukturen gefangen, und deshalb Hilfe häufig zurückweisen, sich absondern und sich in einer Depression einrichten. Es ist oft sehr schwer, das hundertste Schaf, also den Ausgeschlossenen und Ausgestoßenen, nach Hause zu tragen.

Wenn wir nun die Schafe beziehungsweise die Menschen in Gruppen einteilen, so gibt es in einer pluralen Gesellschaft mehrere

Typen, von denen ich drei herausgreife. Zum ersten Typ gehören die ungewollten, emotional wenig versorgten und vernachlässigten Menschen. Ein Patient erzählte mir, dass er als viertes von sechs Kindern auf einem Bauernhof aufgewachsen ist und von Anfang an sich selbst überlassen war. Die Mutter arbeitete kurz nach der Entbindung schon wieder auf dem Feld. Der Vater war ein Despot, kümmerte sich nicht um die Kinder, sie rückten nur dann in sein Bewusstsein, wenn sie zum Arbeiten genutzt werden konnten. So wurde er im Alter von einigen Monaten in ein Gitterbett gelegt und verbrachte dort Stunden, ohne dass sich jemand um ihn kümmerte. Die Großmutter mütterlicherseits, die auf dem Hof lebte, war dement, saß zwar neben seinem Gitterbett, nahm aber mit ihm keinen Kontakt auf. Die zwei Jahre ältere Schwester hat sich dann, als er etwa eineinhalb Jahre war und mit dem Krabbeln und Laufen begann, so gut es ging um ihn gekümmert. Letztendlich war er aber alleine geblieben. Ein Gefühl, als Mensch etwas wert zu sein, konnte er nicht entwickeln. Soweit er sich erinnern kann, hat er sich von frühester Zeit an als hilflos und ohnmächtig erlebt. Die Sehnsucht nach Versorgung und Zuwendung hat sich bei ihm nie erfüllt. Schon im Kindergartenalter musste er einfache Arbeiten verrichten, im Schulalter wurde er auf dem Hof zu landwirtschaftlichen Arbeiten eingeteilt. Spielen mit gleichaltrigen Kindern war ihm nicht möglich. Im Erwachsenenleben hat er sich häufig Partner gesucht, die ihm dieses Defizit erfüllen sollten, was im Lauf der Zeit zu immer größeren Spannungen führte. Anfangs fand er Frauen, die ihn gut versorgten. Wenn die Beziehung aber länger dauerte, wurden seine Versorgungswünsche so groß, dass es nicht mehr leistbar war und es zum Bruch kam. Unbewusst hat er Situationen herbeigeführt, in denen er verlassen wird und sich so das Gefühl von Verlassenheit, das er aus der Kindheit kannte, weiter in seinem Leben etablierte.

Auf das Gleichnis bezogen lebte er in dem Wunsch und der Sehnsucht nach einem guten Hirten, der zu ihm kommt, ihn trägt und für ihn eine Leitfigur ist, an der er sich ausrichten kann. Im Gleichnis geht es aber um Umkehr, um die Möglichkeit, auch für diesen verlassenen und verlorenen Menschen zu überlegen, wie er seine Lebensrichtung selbst ändern kann. Es ist wichtig, bei dem Gefühl »ich bin verlassen« nicht stehen zu bleiben, sondern eine Kraft zu entwickeln im Sinn der Umkehr, sein Leben ändern zu wollen. Meinem Patienten gelang es nach der dritten gescheiterten Beziehung, die in einem Suizidversuch endete, einzusehen, dass er sich in eine Therapie begeben muss. In diesem Prozess ging es dann darum, den guten Hirten zu finden, indem ihm eine innere Veränderung gelang.

Eine weitere Menschengruppe sind diejenigen, die sich als etwas Besonderes und jemand Geniales erleben. Es sind häufig Menschen, die glauben, nicht richtig beurteilt und erkannt zu sein, und die viel Anerkennung und Lob benötigen. Häufig haben sie zudem ein schwaches Selbstwertgefühl, was sie dadurch kompensieren, dass sie andere entwerten und ablehnen. Sie beneiden andere und sind missgünstig, weil sie bei diesen erleben, dass sie etwas leisten, was sie selbst nicht können, ohne sich dies aber einzugestehen. Eine Patientin, die als Rechtsanwältin arbeitete, hatte es nie geschafft, eine längere Beziehung einzugehen, da sie sich schon bei der kleinsten Kritik durch ihren Partner gekränkt und verbittert zurückzog. Ihren Beruf nutzte sie, um in Prozessen die gegnerische Partei zu kränken und zu entwerten und sich so Erleichterung zu verschaffen. Aus ihrer Kindheit erzählte sie mir, dass der Vater immer hohe Leistungserwartungen an sie hatte, die sie jedoch nie erfüllen konnte. Zudem stellte er sie oft als dumm und als Versagerin hin, obwohl sie in der Schule gute Leistungen erbrachte. Er hatte auch ständig etwas an ihrem Äußeren auszusetzen, an ihrer Figur und an ihren Haaren, und sie erinnerte sich an viele Situationen, in denen er sie vor anderen Menschen, die zu Gast bei den Eltern waren, bloßstellte. In Träumen hatte sie oft die Vorstellung, dass sie etwas ganz Besonderes, eine einmalige Person sein müsse, um den Vater zufriedenzustellen. Als sie bei einer

Verhandlung von einem Richter eine Ordnungsstrafe erhielt und er ihr mitteilte, dass sie mit ihrer Art von Kränkung und Entwertung anderer nicht mehr am Gericht arbeiten könne, begab sie sich in Therapie. Auch bei ihr ging es um die Frage der Umkehr, der Änderung im Leben und der Suche nach dem »guten Hirten«, der sie nicht entwertet, sondern tröstet und stützt.

Eine dritte Gruppe sind die narzisstisch beeinträchtigen Menschen, die sich alles herausnehmen, ihr eigenes Recht schaffen, nur sich selbst sehen und ihren Vorteil und auch gegen Regeln und Ordnungen verstoßen, die sie nicht für richtig halten. Es sind die Steuerhinterzieher, die im Rechtssystem eine Lücke finden und diese gnadenlos ausnutzen. Es sind diejenigen, die schonungslos die Umwelt vergiften, wenn es um ihre Vorteile geht. Es sind die Machtbesessenen, die andere brutal zur Seite drängen und skrupellos ihre Interessen vertreten.

Wenn wir uns das vor Augen halten, könnte es, auf die menschliche Gesellschaft bezogen, sehr demotivierend wirken. Gibt es keine anderen Menschen, die rücksichtsvoll und besonnen agieren? Natürlich gibt es sie, aber auch unter ihnen sind viele überforderte Menschen, da sie glauben, den Mangel der Verlorenen ausgleichen zu müssen.

Betrachten wir die Geschichte nun aus der Perspektive der Herde. Bei den Menschen, die ich beispielhaft genannt habe, ging es darum, das eigene Leben zu verändern. Es könnte aber auch wichtig sein, nicht zu beklagen, dass der Hirte verlorengegangen ist, sondern zu überlegen, wie es ohne ihn weitergehen könnte. Ist es nötig, immer einen Führer zu suchen? Erwachsen zu werden und emotionale Reife zu entwickeln heißt, sich selbst infrage zu stellen und mit Enttäuschungen und Kränkungen umzugehen, um im eigenen besseren Verstehen alleine seinen Weg finden zu können. Wir verdanken unser Leben nicht uns selbst, sondern sind hineingeworfen in unser Dasein, ohne einen Einfluss darauf zu haben, wann wir geboren sind und in welcher Kultur. Wenn wir aber das Leben geschenkt bekommen haben, ist es wichtig, es selbst in die Hand zu nehmen und nicht auf andere zu warten, die uns tragen und stützen. In der größten Not ist es sicher richtig, Hilfe anzunehmen, dann aber muss jeder für sich den Mut haben, zu handeln. Wir dürfen uns durchaus in mancher Situation als ein verlorenes Schaf erleben und uns auch auf den Schultern eines guten Hirten tragen lassen, aber der zweite Schritt muss sein, ohne den Hirten weitergehen zu können. Die Botschaft der Umkehr und der Veränderung sollen wir an die anderen, die narzisstisch beeinträchtigten, skrupellosen, die verkannten und die unterversorgten Menschen weitergeben, um auch diesen aus ihrer Verlorenheit zu helfen.

Was will uns das Neue Testament an diesem Beispiel über Jesus sagen? Jesus wollte den Menschen nachgehen, die in ihrem Leben keine Hoffnung mehr hatten und die nur denken konnten, es bleibt nichts übrig als das Nichts, das Ende. Das Gleichnis vom guten Hirten ist ein Plädoyer für verstehen, statt abzuurteilen, auch den Verlorenen eine Möglichkeit zur Umkehr zu geben. Trotzdem stoßen wir in der Bibel immer wieder auf Dinge, die beurteilt werden. Homosexualität wird zum Beispiel verurteilt, die Ehescheidung nicht gutgeheißen. Es gibt viele dieser Gesetze und klaren moralischen Richtlinien. Aber wir müssen dennoch anerkennen, dass manche damit nicht zurechtkommen. Aber gerade das ist das Entscheidende, das sich in dem Gleichnis zeigt: Wir können Gott entdecken als jemanden, der uns trägt, wenn wir nicht mehr gehen können, der uns sucht, wenn wir uns verloren glauben, und der uns beisteht, wenn wir nicht mehr ein noch aus wissen. Doch er will uns auch zur Umkehr ermutigen und dass wir unser Leben selbst in die Hand nehmen.

Bernd Deininger

Von der Schwierigkeit, gütig zu sein

LUKAS 15,11-32

Die Geschichte vom verlorenen Sohn im Lukasevangelium gehört zu den meist erzählten Gleichnissen der Bibel. Hier werden in herausragender Weise die Beziehung und das Verhältnis zwischen Eltern und Kindern und zwischen den Geschwistern untereinander beschrieben. In der Erzählung taucht ausschließlich der Vater auf, es wird die Beziehung zwischen ihm und seinen beiden Söhnen beschrieben. Heute muss man natürlich auch die Beziehung zwischen Mutter und Sohn mit betrachten, und wenn der Vater seine Beziehung zu seinen Kindern reflektiert, gilt das natürlich auch für die Mütter, insbesondere dann, wenn die Kinder Lebensentwürfe wählen oder auch psychische Erkrankungen entwickeln, die Einfluss auf die Beziehung zu den Eltern haben.

Normalerweise ist den Eltern die Beziehung zu den eigenen Kindern nicht gleichgültig. Wenn die Kinder Fehler machen oder sich nicht so entwickeln, wie sie es sich gewünscht haben, überlegen sich Eltern häufig, was sie unter Umständen bei der Erziehung falsch gemacht haben könnten. Haben sie ihre Kinder unter- oder überversorgt? Haben sie nicht genug beachtet, was in ihnen vorging, wenn sie sich so völlig anders verhalten, als sie es erwartet haben? Beispielhaft können dies Verweigerungen in der Schule oder grundsätzlich Leistungsverweigerungen sein, aber auch psychische Erkrankungen wie Essstörungen oder Depressionen. In extremen Fällen kann es sogar zu einem Beziehungsabbruch zwischen Eltern und Kindern kommen. Die Kinder verlassen, kaum dass sie volljährig sind und ohne sich weiter mit den Eltern auseinandersetzen zu wollen, die Familie.

Mit diesem Ereignis beginnt das Gleichnis vom Verlorenen Sohn, das schon immer viele Menschen sehr berührt hat. Offensichtlich spricht diese Geschichte innere Prozesse an. Konflikte zwischen Eltern und Kindern sind zur psychischen Entwicklung der Kinder sinnvoll und nötig. Es geht aber darum, dass diese Konflikte sichtbar gemacht werden können und dass beide Parteien, also die Eltern wie die Kinder, aus einem Konflikt lernen und einen Kompromiss entwickeln. Bei Entfremdungen oder sogar Beziehungslosigkeit wünschen sich Eltern wie Kinder häufig, wieder zurück in eine Beziehung zu finden. Es ist die Sehnsucht von uns allen, dass in jeder Situation, ganz gleich, wie wir uns verrannt und geirrt haben, die Möglichkeit besteht, eine Lösung zu finden und umkehren zu können. Die Sehnsucht nach Rückkehr ist gepaart mit dem Wunsch nach Geborgenheit. Am Ende geht es darum, den Ort zu finden, an dem wir uns als Menschen beheimatet, geschützt und sicher fühlen.

Im Gleichnis vom Verlorenen Sohn repräsentieren die beiden Söhne zwei Pole, die sich in uns als Leser und Hörende befinden. Der jüngere Sohn vertritt den Pol, aus der Enge der Familie, aus der Enge von Vorschriften und Leistungsansprüchen auszubrechen und einfach das Leben mit all seinen Unwägbarkeiten kennenzulernen. Der ältere Sohn repräsentiert den Pol von Anpassung und Unterwerfung, der sich über das Verständnis, das dem nach Freiheit strebenden Bruder entgegengebracht wird, ärgert und es verurteilt.

Der Jüngere steht für den Wunsch in uns Menschen nach Lebendigkeit, nach einem Leben, das sich im Hier und Jetzt abspielt, ohne immer gleich an die Zukunft zu denken. Aber dieses Leben in Freiheit und ohne Verpflichtungen birgt die Gefahr, die Orientierung zu verlieren und damit auch sich selbst zu verlieren. Im Gleichnis liest sich das so: Das Vermögen wird verschleudert, rasch wird alles langweilig, sodass der Jüngere keinen Halt mehr findet. Der, der immer die Freiheit wollte, der sein Leben selbst in die Hand nehmen wollte, muss am Ende feststellen, dass er unfrei und von anderen abhängig geworden ist. Symbolisch landet er bei den Schweinen, also bei den völlig Unreinen. Sozial tiefer kann man zumindest in den Augen der biblischen Zuhörer und Leser nicht fallen.

Ein Beispiel dazu: Eine Frau Mitte vierzig berichtete mir, dass sie als Siebzehnjährige in der elften Klasse des Gymnasiums die Schule abgebrochen hatte und mit einem zehn Jahre älteren Mann, der keine Ausbildung hatte, auf eine spanische Insel gezogen war, um sich dort mit Gelegenheitsarbeiten durchzuschlagen. Der Vater war Gymnasiallehrer, die Mutter arbeitete als Innenarchitektin in einem eigenen Büro. Sie hatte noch zwei ältere Brüder, die sehr erfolgreich und leistungsorientiert waren und von den Eltern immer als Vorbilder hingestellt wurden. In der Folge fühlte sie sich wie ein Anhängsel, das all dem hinterherhinkt und nicht gesehen wurde, insbesondere in ihrer Weiblichkeit. Als sie dann den Mann kennenlernte, der ihr Freiheit und ein unabhängiges Leben versprach, brach sie den Kontakt zu den Eltern ab und ging weg. Es stellte sich dann heraus, dass der Mann auch mit anderen Frauen Beziehungen hatte und sich in extremer Weise dem Alkohol hingab. Als es immer wieder finanzielle Engpässe gab, zwang er sie zur Prostitution. Nach drei Jahren war sie völlig am Ende, hatte jeden Halt verloren und unternahm einen Suizidversuch, indem sie eine Überdosis Schlaftabletten schluckte. Als sie auf der Intensivstation aufwachte, saßen ihre Eltern am Bett und hielten ihr die Hand. Es folgte ein wichtiges und intensives Gespräch. Die Eltern konnten einräumen, dass sie sie zu wenig beachtet hatten. Auch der jungen Frau war es möglich, nach einer Zeit des Nachdenkens über die vergangenen Jahre einzuräumen, dass sie Fehler gemacht hatte. Gerne ging sie dann mit ihren Eltern wieder zurück nach Hause. Es gab keine Vorwürfe, sondern die Eltern und auch ihre beiden Brüder freuten sich einfach, dass sie wieder da war. Sie konnte in Freiheit die Entscheidung treffen, eine Ausbildung als

Gold- und Silberschmiedin zu beginnen. Wenn wir uns in die Ausweglosigkeit, die Verzweiflung und das Gefühl, gescheitert zu sein, hineinfühlen, können wir spüren, wie es dieser Frau damals ging. Sie wusste nicht mehr weiter, war über ihr Leben extrem beschämt und glaubte, nur im Tod einen Ausweg zu finden. Wie sie mir dann als erwachsene Frau erzählte, konnte sie sich nicht vorstellen, dass die Menschen in ihrer Familie ihr etwas wie Güte oder Verständnis entgegenbrachten.

Letztlich erlebte sie Ähnliches wie der jüngere Sohn in unserem Gleichnis. Auch er wollte nichts mehr als seine Freiheit und endetet in der Sackgasse seines Lebens. Wie sollte er sich in seiner Not seinem Vater oder seinem älteren Bruder zeigen? Gerade dem Bruder, der immer so korrekt und fehlerlos gelebt hatte. Er stellt sich vor, was er ihm sagen würde: »Ich habe schon immer gewusst, dass du faul bist und Anstrengungen aus dem Wege gehst und dass du deshalb auch scheitern wirst. Am Ende wirst du mit deinen Vorstellungen von freiem Leben im Nichts landen«. Diese Vorstellung, diese Beschämung, diese Schadenfreude seines Bruders wollte er sich ersparen, sodass er das Scheitern so lang wie möglich verborgen halten, es sich selbst nicht eingestehen wollte.

Das Gleichnis zeigt uns eine neue Perspektive. Über seinen Leidensdruck kommt es zu einer Reflexion über das, was er nach dem Weggang aus dem Haus seines Vaters gelebt hat. In dieser aussichtslosen Situation spürt er eine innere Umkehr, er findet wieder Halt, findet zu sich selbst. Bei dieser Wahrnehmung, die sich letztlich aus der erlebten Ausweglosigkeit speist, spürt er die Sehnsucht nach Heimkehr, nach seiner Heimat, seinem geordneten Leben, nach einer inneren und äußeren Struktur. In dieser Selbstsuche findet er einen Weg, wie er dem Vater gegenübertreten kann: »Ich habe gesündigt gegen Gott und gegen dich, ich bin nicht mehr wert, dein Sohn zu heißen«. In unserer heutigen Sprache müssten wir sagen: »Ich habe meine Vorstellungen von einem freien Leben verändert, ich habe gespürt, dass

Freiheit auch in Beziehung zu Struktur und Ordnung treten muss, ich habe gespürt, wie wichtig Heimat und Wurzeln sind«. Auch bei meiner Patientin kam nach ihrem Suizidversuch die Erkenntnis, dass sie sich mit ihrem Weggang nicht den eigenen Wunsch danach, wie sie wirklich leben wollte, erfüllte, sondern aus Trotz gegenüber den Eltern und ihren beiden Brüdern gehandelt hatte.

Kehren wir nun zum Vater im Gleichnis zurück. Es wäre mehr als verständlich, wenn der Vater so reagiert hätte, dass er mit dem Sohn nichts mehr zu tun haben wollte, beziehungsweise dass er ihm sogar gewünscht hätte, zu scheitern. Wir erfahren aber, dass es sich ganz anders verhält. Nicht aus Gleichgültigkeit oder aus einer Kränkung heraus, sondern aus Respekt vor dem Freiheitswunsch seines Sohnes ließ er ihn ziehen. Dem Vater starb der Sohn bei dem, was er tat. Aber er nahm es auf sich, ihm diesen Wunsch nach Freiheit nicht zu verweigern.

Wenn wir diese Haltung des Vaters auf Gott übertragen, werden uns damit viele Fragen beantwortet, die wir uns immer wieder stellen: Wie kann es Gott zulassen, dass es so viele Ungerechtigkeiten in unserem eigenen und im Leben anderer Menschen gibt? Wenn wir der Geschichte folgen, können wir sagen, dass Gott unsere eigenen Freiheitsbestrebungen und das, was wir innerlich und äußerlich wollen, ernst nimmt und achtet. Er gibt uns die Freiheit zu gehen, wohin wir wollen, und gleichzeitig begleitet er uns, wo wir uns auch befinden.

Als der Sohn zurückkehrt, kommt der alte Vater ihm entgegen und umarmt ihn, er möchte nicht, dass sich sein Sohn unterwirft und demütigt. Er spürt, dass es bei seinem Sohn eine innere Umkehr gegeben hat, dass er sich deshalb keine Selbstvorwürfe zu machen braucht. Es geht ihm darum, seinem Sohn seine Würde zurückzugeben. Der Vater vermittelt ihm, dass er, der Verlorene, der Abgehängte, wieder zurück und lebendig ist. Er freut sich, dass sein Sohn aus dem Tod zum Leben zurückgefunden hat. Im Gleichnis wird uns in der Gestalt des Vaters aufgezeigt, dass es möglich ist, innere Widerstände sichtbar zu machen, die im Unbewussten vorhanden sind, besonders dann, wenn es um Umkehr und Vergebung geht.

Es fällt vielen Menschen sehr schwer, sich selbst zu vergeben. Selbstvorwürfe und Selbstverurteilung liegen uns häufig näher als die Vergebung. Auch meiner Patientin war es, als sie sich tief beschämt von ihrer Lebensweise fühlte, nicht möglich, sich zu vergeben und umzukehren. Erst durch die Annahme ihrer Eltern und weil sie keine Vorwürfe auszuhalten hatte, war es ihr möglich, innerlich umzukehren. Wenn die anderen – im Gleichnis der Vater, bei meiner Patientin die Eltern – den ersten Schritt tun, den betreffenden aus der Scham herausziehen und ihm die eigene Würde zurückgeben, gelingt es, innere Widerstände gegen die Vergebung uns selbst gegenüber zusammenbrechen zu lassen. Mit der Selbstentwertung laufen wir uns letztendlich selbst davon und werden als Menschen unfähig, zu uns selbst und zu unserem eigenen Wesen Zugang zu finden.

So könnte nun eigentlich die Geschichte enden, wenn es nicht noch den anderen Pol, den des älteren Sohnes, gäbe, der zur Gruppe der angepassten und funktionierenden Menschen gehört. Es stimmt alles, was er sagt: »Ich habe immer alle Gebote und Wünsche des Vaters erfüllt, war immer korrekt, fehlerfrei, ordentlich, zuverlässig und pflichtgetreu« – aber erwächst daraus auch Freude am Leben? Ist es nicht so, dass gerade die Menschen, die auf Korrektheit und Ordnung achten, die ihr Leben von Zwängen eingrenzen lassen und nie nach links und rechts schauen, nicht auch einmal wirklich frei sein wollen, um das Leben in seiner Fülle zu genießen? Oft ist es nur die Angst, die viele daran hindert, auszubrechen und einmal undiszipliniert zu sein. Die Angst ist ein Motor in unserem Inneren, der es ermöglicht, alles zu unterdrücken. Aber der Preis der Selbstbeherrschung, der Kampf gegen innere Wünsche und Leidenschaften ist oft sehr hoch und verleitet den Einzelnen dazu, seine unterdrückten Wünsche und andere Leidenschaften zu bekämpfen und die anderen, die diese ausleben, zu entwerten. Das zeigt sich im Alltagsleben durch versteckte Aggressivität und eine Spannung, die oft im Gespräch spürbar wird.

Im Gleichnis projiziert der ältere Sohn all seine ungelebten Wünsche und Fantasien auf den jüngeren Bruder. Er glaubt, dass dieser sein Geld mit Dirnen durchgebracht hat, Feste feierte und die anderen einlud. Dies sind aber alles seine eigenen Vorstellungen eines ausschweifenden Lebens. Was wirklich mit »verprassen« gemeint ist, bleibt im Gleichnis ungenannt.

Was für viele Menschen, die ähnlich wie der ältere Sohn leben, der Haupthinderungsgrund ist, gütig zu sein und zu verzeihen, ist, dass sie sich selbst immer wieder zwingen müssen, so zu leben, wie es den anderen gefällt. Im Gleichnis lebt der ältere Sohn so, wie er glaubt, dass es sich der Vater wünscht. Bei dem vermeintlichen Wunsch, den Willen des Vaters zu erfüllen, also gut und anpassungsfähig zu sein, hat er vieles an eigenen Wünschen und Erwartungen verdrängt und abgespalten. Aber gerade wegen dieser Verdrängung gibt es die Sehnsüchte, sich einmal auszuleben. Daraus resultiert – und das gilt für jeden Menschen: Wenn uns diese verdrängten Wünsche zu bedrohlich erscheinen, werden jene, die diese tatsächlich ausleben, abgeurteilt. Weil es für uns schmerzhaft ist, vieles nicht gelebt zu haben, gerade auch im Hinblick auf unsere eigene Endlichkeit, muss das, was wir bei anderen sehen, mit Neid und Missgunst betrachtet werden. Viele Menschen sind deshalb innerlich wie tot und leben ohne Freude und Genuss am Leben vorbei. Daraus entsteht ein ewiger Kampf gegen Milde und Güte, weil wir mit uns selbst nicht zurechtkommen, wenn wir so leben wie der ältere Sohn. Deshalb gilt für ihn, den Angepassten, der unter der Oberfläche seines Wohlverhaltens massive aggressive und sexuelle Fantasien hat, dass auch er umkehren muss, dass auch er aus der auferlegten Enge in die Freiheit kommen muss, um Barmherzigkeit und Güte zu lernen.

Der Vater spürt dies, er hat auch für den älteren Sohn Verständnis, muss aber auch ihm eine Verwandlung zumuten. Der Vater spricht ihn deshalb zärtlich auf die Gemeinschaft an: »Mein Kind, du bist immer bei mir und alles, was mein ist, ist auch dein. Und jetzt müssen wir uns doch freuen und ein Fest feiern, denn dein Bruder war tot und lebt wieder, er war verloren und ist wiedergefunden worden«. Die emotionale Leistung des Vaters ist, dass er dem älteren Sohn keinen Vorwurf macht. Er lädt ihn ein, so wie im Gleichnis Jesus uns einlädt, die wir Seiten des älteren Bruders in uns haben, zum Feiern und zur Freude.

Im Gleichnis bleibt es offen, ob der ältere Bruder in der Lage ist, innerlich umzukehren. Der Vater zwingt ihn nicht. Er bietet ihm lediglich mit seinem eigenen Verhalten die Möglichkeit an, zur Güte und zum Verständnis und damit auch zur Lebensfreude zu kommen. Wenn ihm dies gelingt und er zu seinen unbewussten leidenschaftlichen Gefühlen Kontakt findet, wird es ihm möglich sein, sich aus der eigenen Enge zu verabschieden. Wenn er sich selbst und seine lustvollen Fantasien nicht mehr verurteilen muss, kann er auch mit anderen gelassener und gütiger umgehen.

Im Evangelischen Gesangbuch der Bayerischen Landeskirche ist auf Seite 720 ein Holzschnitt von Christian Rohlfs abgebildet mit dem Titel »Rückkehr des verlorenen Sohnes«. Der Künstler hat es ihm Jahr 1916 mitten im Ersten Weltkrieg angefertigt. Kaum ein anderes Thema war zu dieser Zeit aktueller als die Heimkehr der Söhne, von denen die Eltern dachten, dass sie im Krieg verloren waren. Rohlfs, der selbst von einem Bauernhof stammte, ließ die Heimkehr in bäuerlicher Umgebung stattfinden. Der Vater nimmt den Zurückgekehrten liebevoll bei sich auf. In diesem Holzschnitt stellt der Künstler ganz eindrücklich dar, dass menschliches Leid gerade bei den Abgeschriebenen, bei den Verlorenen viel zu groß ist, als dass man anders auf sie antworten könnte, als es der Vater in dem Gleichnis bei Lukas tat. Alle Verurteilung, alle Besserwisserei und Rechthaberei richten sich im Anblick dieses Leides selbst.

Auch bei meiner Patientin hat sich das Angenommensein durch die Eltern nach ihrem Scheitern als wegweisend auf ihr Leben erwiesen. Sie hatte einerseits gelernt, dass es wichtig ist, zu seinen inneren Wünschen zu stehen und über das Suchen nach Freiheit zu einer eigenen Position zu gelangen, aber auch, dass Orientierung, Halt und Struktur wesentliche Voraussetzungen sind, um ein glückliches Leben zu führen.

Bernd Deininger

… wie wir vergeben unseren Schuldigern

LUKAS 16,1-13

Mitten im Neuen Testament steht eine Geschichte, die die Moral, die sonst im biblischen Denken sichtbar wird, aufzuheben scheint. Das Gleichnis vom ungerechten Verwalter erfordert eine Betrachtungsweise, die psychologisch Feinfühliges zu erklären sucht.

An vielen Stellen im Neuen Testament wird Jesus in der Rede seiner Gegner vorgeworfen, dass er aufgrund seines Lebens und Wirkens das kostbare Erbe der Religion verschleudere. Jesus war Jude und zu seiner Zeit war es ein wichtiges Zeichen des Glaubens, alle Gebote einzuhalten, die in der Tora, den fünf Büchern Mose, niedergeschrieben waren. Jesus hat in seinem Leben jedoch auf vielerlei Weise die Gebote aufgehoben oder zumindest stark verändert. Nach seinem Gottes- und Glaubensverständnis war nicht wesentlich, die Gebote zu erfüllen, sondern herauszufinden, wie man sich selbst und anderen gegenüber menschlich, gütig handeln kann.

Diese Geschichte ist so etwas wie eine Rechtfertigung Jesu für seine grenzenlose Bereitschaft, sich auf die Schuldiggewordenen einzulassen und mit ihnen in Beziehung zu treten. Darüber hinaus geht es aber auch um eine Frage, die uns heute auch betrifft. Sind wir, die dieses Gleichnis hören, wirklich ohne Schuld? Wenn man das Leben jedes Einzelnen auf den Prüfstand stellt, stehen wir dann nicht alle in der Schlange mit hundert Krügen Öl oder hundert Sack Weizen in den roten Zahlen? Und gibt es einen Menschen unter uns, der seine Schuld bezahlen kann, ohne sich zu ruinieren? Brauchen wir nicht alle einen Verwalter von der Art, wie er im Gleichnis beschrieben wird, um überhaupt zu überleben? Einen Verwalter, der die Schuldscheine kürzt, und zwar nicht so, wie es gerecht wäre, sondern so, wie es die Not des Einzelnen verlangt. Wenn dann ein Einzelner mit erhobenem Zeigefinger darlegt und einklagt, was recht und billig ist, was moralisch und unmoralisch, muss man ihm sagen, dass er noch nicht verstanden hat, dass er selbst schuldig geworden ist. Von Gerechtigkeit lässt sich leichter reden, solange man sich selbst nicht kennt, besonders dann, wenn wir unsere tiefliegenden Gefühle von Neid, Aggressivität und Wut abgespalten haben. In Wahrheit und wenn wir ehrlich in uns hineinschauen, würde uns erst einmal nichts anderes übrigbleiben, als zu sagen, wie es im Vaterunser steht: »Vergib uns unsere Schuld, wie auch wir vergeben unseren Schuldigern«.

Solange wir davon ausgehen, dass wir selbst schuldlos durchs Leben gehen, belügen wir uns selbst. Wir bleiben dann unversöhnlich mit den anderen und werden selbstgerecht und besserwisserisch. Liebevoll mit den anderen umzugehen, ohne Bewertung und mit wirklicher Anerkennung gelingt erst dann, wenn wir spüren, was wir selbst nötig haben.

Für Lukas ist es in gewisser Weise ein Lieblingsthema, wie mit Geld umzugehen sei. »Ihr könnt nicht zwei Herren dienen, Gott und dem Geld«, so wird Jesus des Öfteren gesprochen haben, mit der Forderung, sich für das eine oder andere zu entscheiden. Das Beste, das man mit Geld anfangen kann, ist, es mit und für Freunde auszugeben. In unserem Gleichnis versucht das der Verwalter. Aber es ändert in diesem Fall nichts daran: Wie er es tut und was er tut, ist unrecht. Dennoch lobt Jesus, dass er das eine Unrecht ausgleicht mit dem anderen. Das ist der tiefere Sinn dieses Gleichnisses.

Wenn wir nun den Inhalt der Geschichte auf uns selbst anwenden, ist die Bilanz unseres Lebens dadurch genau wiedergegeben: als eine Situation drohender Abrechnung. Letztendlich befinden wir uns in der gleichen Lage wie der Verwalter. Aus vielen Gründen sind wir schuldig geworden – manchmal aus Fahrlässigkeit, manchmal aus mangelnder Kenntnis des Sachverhaltes, häufig aber auch aus Egoismus und Profitdenken. Ginge es nach den Prinzipien der Gerechtigkeit, so müssten wir uns eingestehen, dass wir all die Dinge, die sich in unserem Leben angesammelt haben, nicht mehr alleine korrigieren können. Wenn wir ehrlich sind, haben wir im Großen und Ganzen das, was wir taten, gut gemeint. Aber auch das steht nicht immer zweifelsfrei fest. Was ist jedoch mit all den Situationen, in denen wir versagt haben aufgrund von Neid und Missgunst, Gier und Egoismus, aber auch aufgrund mangelnder psychischer und physischer Energie? Wie oft haben wir uns zu wenig Zeit für Freunde und Kinder genommen, die uns gebraucht hätten? Wie oft hatten wir einfach keine Lust, weil wir uns selbst als erschöpft erlebt haben, weil wir nicht mehr wollten, obwohl es nötig gewesen wäre?

In meiner Praxis habe ich häufig Eltern, die mit Schuldgefühlen zu kämpfen haben, weil sie denken, dass sie sich nicht genug um ihre Kinder gekümmert haben. Eine Frau kam beispielsweise völlig verzweifelt zu mir, als sie erfahren hatte, dass ihr Sohn wegen Diebstahl ins Gefängnis musste. Sie machte sich große Vorwürfe, dass sie sich als alleinerziehende Mutter zu wenig um ihren Sohn gekümmert hatte. Sie hatte ihn im Alter von neun Monaten in eine Pflegefamilie gegeben, wo er bis zu seinem achten Lebensjahr unter der Woche lebte. Sie selbst kümmerte sich nur am Wochenende um ihn. Sie hatte das Gefühl, dass ihr Sohn immer dachte, er sei bei allem zu kurz gekommen. Er fühlte sich als Außenseiter und nicht dazugehörig. Über den Diebstahl versuchte er sich das, was ihm eigentlich zustand, zu holen und in Anspruch zu nehmen.

Ein Vater, der unter Panik- und Angstattacken litt, berichtete mir, dass sein Sohn ein Studium der Ingenieurwissenschaften abbrechen musste, weil er Angstzustände und Panikattacke vor Prüfungen hatte und diese nicht mehr absolvieren konnte. Der Vater erzählte mir, dass er alle Konflikte in seiner Ehe immer so gelöst hat, dass er eine Panikattacke bekam. Dann ging seine Frau auf ihn ein und erfüllte ihm seine Wünsche. Er hatte nun den Eindruck, dass sein Sohn mit Schwierigkeiten in seinem Leben ähnlich umgeht wie er selbst.

Was muss man, kann man tun, wenn man sich schuldig fühlt, obwohl man die Dinge, die geschehen sind, gar nicht gewollt hat? Sowohl die Mutter als auch der Vater sind außerstande, irgendetwas wiedergutzumachen, denn die Vergangenheit lässt sich nicht mehr ändern. Bei den beiden oben beschriebenen Patienten konnte über einen therapeutischen Prozess vieles geklärt und gelöst werden.

Das Gleichnis bietet uns ebenfalls eine mögliche Antwort, wie wir mit solchen Situationen umgehen können. Es geht darum, unser Inneres zu erkunden, unser Lebensinteresse im Hier und Jetzt wahrzunehmen und Inventur zu machen. Das bedeutet, sich mit den Menschen auseinanderzusetzen, an denen wir schuldig geworden sind. Dabei geht es nicht mehr um den Maßstab der Gerechtigkeit, sondern einzig darum zu sehen, was die Menschen, die mit uns zusammen sind, an Austausch und Dialog benötigen und brauchen. Das können die Kinder, Freunde und Partner sein. Es gilt, alle, die uns individuell wichtig sind zu befragen, wo wir sie gekränkt und enttäuscht haben, um dann herauszufinden, was wir ändern können.

Auch unseren Mitmenschen, die ihrerseits uns enttäuscht und gekränkt haben, darf es möglich sein, ihre Hypotheken abzutragen. Denn mit Schuld und Angst kann kein Mensch leben. Es geht darum, die eigenen Anteile an Konflikten anzuerkennen und den anderen nicht ihre Schuld vorzurechnen. Es gibt im Kontakt mit anderen Menschen und der Welt nur den Ausweg der Großzügigkeit, der Vergebung. Wenn wir den Kontakt zu uns wichtigen Menschen auf diese Weise begreifen, erhalten wir einen wunderbaren Kommentar zu dem Satz im Vaterunser: »Herr, vergib uns unsere Schuld«. Und der einzige Grund für diese Bitte bestünde dann darin, antworten zu müssen: »Weil auch wir vergeben haben unseren Schuldigern«. Das ist eine Möglichkeit, nicht mehr abwägen zu müssen, was richtig oder falsch ist beziehungsweise gut oder böse. Im Gleichnis formt Jesus dies tiefenpsychologisch gesprochen so weiter aus: »Ihr nützt euch selbst, es sollte euer eigenes Interesse sein, schon aus Gründen des Egoismus solltet ihr lernen, gütig zu sein; es ist die einzige Form, Menschen für sich zu gewinnen, statt sich ständig voreinander zu schämen, weil kein Mensch die Forderungen des anderen abzahlen kann«.

Wenn ich mich in das Gleichnis hineinversetze, habe ich das Gefühl, dass Jesus in mancher Hinsicht auch von sich selbst spricht. Es wäre dann ein persönliches Dokument, das wir über Lukas erfahren. Wenn sich Jesus selbst so schildert, dass er sich als einen Verwalter erlebt, der in die Enge getrieben wird, dann spricht er in diesem Gleichnis seine eigenen inneren Vorstellungen aus. Er stellt eindeutig klar, dass er versucht, Menschen zu verstehen, die in Schuld geraten sind. Damit erklärt er, warum er sich den Verlorenen zuwendet. Tiefenpsychologisch gedeutet würde dies heißen, dass er sich selbst in seinen menschlichen Anteilen als einen Sünder erlebt hat. Als der reiche Jüngling im zehnten Kapitel des Markusevangeliums zu Jesus sagt: »Guter Meister«, unterbricht er ihn und sagt: »Was nennst du mich gut?«. Unter diesem Blickwinkel würde für die Person Jesu gelten, dass es nötig ist, das ganze Ausmaß unserer eigenen Versuchbarkeit wirklich zu kennen. Das würde auf die letzte Bitte im Vaterunser (»Und führe uns nicht in Versuchung«) bezogen bedeuten, dass wir dieser Versuchung nur bedingt standhalten. Und wenn wir es vermögen, so wäre es nicht unser eigener Verdienst, sondern stünde bei Gott, der uns davor bewahrt hat. Zuletzt hieße das für dieses Gleichnis: Entscheidend ist zu lernen, wie wir im Vertrauen auf Gott leben und uns entwickeln. Anstatt unsere Selbstachtung zu verlieren, weil wir in Schuld geraten sind, sollten wir unsere ganze Kraft nutzen und uns für ein Leben entscheiden, das uns in Beziehung bringt zu den Menschen, die uns wichtig sind und die uns in unserem Leben begleiten.

Bernd Deininger

Selbstvertrauen macht beziehungsfähig

LUKAS 17,5-10

Die Worte und Geschichten, die uns sowohl aus dem Alten als auch aus dem Neuen Testament überliefert werden, können eine heilende Wirkung entfalten. Sie wirken also, wenn wir so wollen, wie ein Medikament, das wir bei entsprechenden Symptomen einsetzen können. Dies gilt aber nur für den rechten Gebrauch. Denn wenn Medikamente falsch angewendet werden, sind sie oft gefährlicher als Gift. So ist es auch mit den Worten der Bibel: Falsch angewendet, können sie eine zerstörerische Kraft entfalten, sie können Menschen trennen, Ideologien und Fanatismus begünstigen. Heilend wirken sie, wenn man sie auf die Fragen des eigenen Lebens bezieht, zerstörerisch hingegen, wenn man sie von außen an sich heranlässt oder zu Dogmen erklärt.

Auch der Text in Lukas 17,5–10 kann eine Gefahr werden, wenn man ihn rein äußerlich versteht, denn dann hat er eine ängstigende Wirkung. Die Verse beziehen sich auf den Glauben und auf die Art, wie zu leben sei. Die Jünger fragen Jesus, wo sie die Stärke ihres Vertrauens hernehmen sollen und wie sie ihre Unsicherheit verlieren könnten. Jesus antwortet mit dem Bild von einem Glauben, der Berge versetzen, Bäume entwurzeln und umpflanzen kann. Das Bild, das Jesus hier gebraucht, scheint erst einmal mit der Wirklichkeit nichts gemein zu haben. Und dennoch lässt sich dieses Bild jedem, der mit seinem Leben nicht zurechtkommt, leicht vorsetzen.

Man kann Menschen einreden, dass alle Schwierigkeiten, die sie haben, daraus entstehen, dass sie nicht genügend glauben. Das ist auf das Bild bezogen ganz einfach, denn wer schafft es schon, das Unmögliche für wahr zu halten, auch wenn er noch so fest vertraut? Letztlich mündet es in die Aussage: Gott kann alles, man muss sich nur darauf einlassen. Das führt in fundamentalistischen Kreisen oft dazu, dass Kindern medizinische Behandlung vorenthalten wird, da ja, wenn Gott es will, auch ohne medizinische Hilfe Heilung erfolgt. Es gibt sogar pfingstlerische Gemeinden in Südamerika und in den USA, in denen Menschen sich während eines Gottesdienstes von Klapperschlangen beißen lassen, um zu beweisen, dass Gott sie schützt. Wenn sie dann an einem Schlangenbiss sterben – was in der Regel der Fall ist –, ist die Erklärung, dass ihr Glaube zu schwach war. Wenn man also so redet, dass Gott alles kann und dass man sich nur darauf einzulassen hat, entsteht ein Klima illusionärer Erwartungen, fantastischer Hoffnungen und letztlich mächtiger Enttäuschungen. In unserer Welt heute, in der es viele Ungerechtigkeiten, Menschenrechtsverletzungen und Not gibt, tut Gott offenbar nicht das, was Menschen wollen. Ob er es nicht kann oder nicht darf, entzieht sich unserem Denkhorizont. Und auch ein noch so starker Glaube wird nicht darin bestehen können, dass wir die Welt in unseren fantastischen Erwartungen auf den Kopf stellen.

So also kann es mit dem Glauben nicht gemeint sein. Aber auch die nächsten Worte in dieser Bibelstelle sind nicht einfacher zu verstehen. »Unnütze Knechte« sind wir – ein Wort, das sich hervorragend eignet, das zu züchten, was man gemeinhin Unterwerfung nennt. In einer Religion, in der es um Unterwerfung geht, stellt sich rasch Unterdrückung und Rechtlosigkeit ein. Aber davon kann bei Jesus keine Rede sein. Das kann er unmöglich gemeint haben, insbesondere auch deshalb, weil er in vielen seiner Äußerungen Gott als seinen Vater bezeichnet hat und uns Menschen förmlich bittet, miteinander geschwisterlich umzugehen.

Das Wort muss deshalb differenzierter betrachtet werden, um herauszufinden, wie die Äußerungen über das Senfkorn und den

Sklavendienst gemeint sind. Die christliche Religion ermutigt uns, unseren Verstand zu benutzen und uns mit unseren Gefühlen auseinanderzusetzen. Viele erleben es jedoch so, dass sie durchaus wissen, was die Wahrheit in ihrem Leben wäre. Sie sehen diese Wahrheit auch oft unmittelbar und greifbar vor sich. Die Angst aber hindert uns Menschen meist das zu tun, was wir wirklich wollen. Die Angst zu scheitern und zu versagen, sich winzig und verloren zu fühlen, bringt Menschen dazu, sich erst einmal zurückzuziehen und jede Art von Initiative zu unterlassen. Minderwertigkeitsgefühle zehren jeden Mut auf und berauben sie jeder Hoffnung, dass sie für sich etwas Gutes erreichen können. Schon oft haben mir Freunde und auch Patienten erzählt, dass sie sich um eine attraktive Stelle nicht beworben haben, obwohl sie die Ausbildungsvoraussetzungen erfüllen, weil sie das Gefühl haben, bei Erhalt dieser erträumten Stelle zu versagen und den Platz nicht ausfüllen zu können. In einer solchen Situation geht es darum, die Entscheidung zu treffen, ob die Angst vor Versagen die Oberhand behält oder ob es auch im Inneren einen Glauben an das eigene Können, an die eigene Stärke gibt. Bei vielen lässt sich mit guten Worten die Angst nicht verscheuchen, der Selbstwertmangel nicht beheben und die eigene Selbstentwertung nicht ausradieren. Aber wenn man sich all diesen Dingen stellt, wenn man sein Leben dahingehend befragt, ob die Angst bis zum Lebensende die Oberhand gewinnen soll, kann dieses Bild von Jesus, auf das Senfkorn bezogen, als Beispiel und Anregung dienen, trotz eigener Minderwertigkeitsgefühle an sich selbst zu glauben.

Wäre es nicht denkbar, dass dieses Bild ein Bild des Trostes und ein Symbol dafür sein kann, uns selbst anzunehmen? Im alten Israel kannte man kaum ein kleineres Körnchen als das der Senfstaude; doch so winzig es ist, aus ihm wächst eine stattliche Pflanze. Wenn wir uns selbst als dieses kleine Körnchen erleben – und viele Menschen haben dieses Bild von sich –, warum kann sich dann nicht auch die Kraft entwickeln, eine große Staude zu werden? Das wäre der erste Schritt zu Selbstvertrauen, zum Mut, etwas in Gang zu bringen, etwas anzupacken, das einem wichtig ist. Das Gefühl von Kleinheit, das Gefühl, es nicht zu schaffen, muss deswegen nicht verschwinden. Es kann und darf in uns wirken, aber die andere Seite, dem eigenen Ich etwas zuzutrauen, auf sich selbst zu vertrauen, kann dann doch die Oberhand gewinnen.

Es ist ein schönes Bild, das Jesus hier vom Senfkorn und vom Maulbeerbaum zeichnet. Sich darauf einzulassen würde bedeuten, sich mit dem Maulbeerbaum über das Meer hinauszuheben und dabei den Ozean, der am Horizont bis in die Unendlichkeit reicht, zwar als gefährlich zu empfinden und vielleicht auch angsteinflößend, ich mich dieser Angst und der Gefahr aber aussetzen kann, ohne unterzugehen. Dann wäre das Bild nicht mehr als ein Wunder der Natur zu verstehen, sondern das wirklich Große und Wunderbare daran wäre, wie sich unsere Angst vor Unsicherheit und Kleinheit im Vertrauen auf uns selbst und unsere Schaffenskraft umformt.

Was Jesus in dem Bild vom Knecht und vom Herrn beschreibt, wird verständlich, wenn der Aspekt von Erniedrigung und Sklavenmentalität daraus verschwindet. Im Umgang miteinander und mit Gott und dem Glauben tun Menschen alles Mögliche, das von außen betrachtet nach den Gesetzen von Ethik und Moral durchaus in Ordnung und einwandfrei ist. Das Tun kann nützlich und erfolgreich sein, und trotzdem kann es für den betreffenden Menschen innerlich überhaupt nicht stimmen. Der Maßstab Jesu dabei ist, aus welcher Haltung und Gesinnung heraus wir etwas tun. Häufig ist das Motiv, im Kontakt mit anderen etwas Nützliches zu tun, die Hoffnung auf Anerkennung von außen. Viele betteln bei ihrem Tun geradezu darum, bestätigt zu werden und Beifall zu erhalten. Dann geschieht etwas Eigenartiges: Das gute Handeln eines Menschen ist nur der Deckmantel seines Egoismus und seiner Selbstbezogenheit, die ihn beherrschen. Solange wir als Menschen nicht an unsere eigene Größe, Würde und eigene Wertschätzung glauben, werden wir geneigt sein, uns mit guten und richtigen Taten für andere zu beweisen. Wenn wir uns dem Gedanken stellen, dass Gott uns so geschaffen hat, wie wir sind, dass alles, was wir sind, ihm zu verdanken ist, dann könnte das Kritisieren und Mäkeln an uns selbst aufhören und wir könnten denken: So wie Gott uns gemacht hat, ist es gut genug und in jeder Beziehung richtig. Das ständige Suchen nach fremder Bestätigung wäre dann überflüssig, wir könnten den Blick von unserer eigenen dauerhaft bedrohten Existenz lösen und beginnen, angstfreier zu leben.

Ich habe viele Menschen kennengelernt, die vor lauter Angst, nichts wert zu sein, am Leben vorbeigelebt haben. Gerade wenn sie in ihrer Kindheit Entwertung und Erniedrigung erlebt haben, ist es schwer, Selbstvertrauen zu entwickeln. Häufig wird das erst durch einen länger dauernden therapeutischen Prozess möglich. Hier muss es darum gehen, anzuerkennen, dass man so, wie man ist, gut ist, und aus diesem Gefühl heraus sollte Selbstakzeptanz und Selbstliebe entstehen. Wenn sich die Fähigkeit entwickelt, sich selbst zu vertrauen, wird es auch möglich, auf andere Menschen zuzugehen, ohne von ihnen Beifall und Anerkennung zu erwarten, sondern zu spüren, was sie nötig haben und wie man ihnen helfen kann. Mit einem guten Selbstvertrauen ist es möglich, angstfrei zu sein und innere Ruhe zu spüren, die sich darauf gründet, dass Gott mit dem, wie er uns geschaffen hat zufrieden ist und dass es so recht ist. Die Freiheit, die dadurch innerlich entsteht, kann sich anfühlen wie die Weite des Meeres.

Anselm Grün

Ungewöhnlich gewöhnlich

LUKAS 17,7-10

Das kleine Gleichnis vom unnützen Sklaven findet sich nur im Lukasevangelium. Auf den ersten Blick ist es eine ärgerliche Geschichte, denn es übernimmt ohne Wertung die damaligen sozialen Verhältnisse: Auch unter den Juden gab es Bauern, die einen Sklaven hielten. Er hatte zwar mehr Rechte als bei anderen Völkern, aber trotzdem war es seine Pflicht, seinen Dienst gut zu verrichten. Und dieser Dienst ging über die Feldarbeit hinaus. Er musste auch seinem Herrn das Abendessen richten. Das war also ein selbstverständlicher Dienst, für den der Herr den Sklaven nicht extra loben musste. Das Lukasevangelium beginnt hier wieder mit der typischen Frage: »Wer unter euch ...?«. Der Verfasser fragt also die Hörer, mit wem sie sich im Gleichnis identifizieren. In der Einleitung soll das der Bauer sein. Doch am Ende geht es darum, dass wir uns in der Gestalt des Sklaven wiedererkennen.

Der Sklave ist dann ein Beispiel für unseren eigenen Dienst. Viele Exegeten, vor allem in der frühen Kirche, deuten das Gleichnis auf den Dienst der Seelsorger und Verantwortlichen in den christlichen Gemeinden. Sie sehen in den Worten »weiden« und »pflügen« Bilder für die Pastoren, die die christliche Herde hüten und den Acker ihrer Seele pflügen und aufbrechen für das Wort Gottes. Diese Diener in der Gemeinde sollen ihren Dienst verrichten, ohne sich für jemand Besonderes zu halten. Sie sollen sich nicht unentbehrlich fühlen, sondern wie unnütze Sklaven, die nur ihren Dienst in aller Treue tun. Es sind harte Worte: unnütz, unbrauchbar, wertlos. Es braucht Demut und Bescheidenheit, um einfach den Dienst zu tun, der mir aufgetragen ist.

Für mich hat dieses Gleichnis aber noch eine andere Bedeutung: Wir selbst – ganz gleich, ob wir im kirchlichen Dienst stehen oder als Vater oder Mutter in der Familie oder in unserem Arbeitsbereich – sollen einfach tun, was wir schuldig sind. Wir können das noch erweitern: Wir sollen tun, was wir Gott schuldig sind, was wir dem Nächsten schuldig sind, was wir uns selbst schuldig sind, und was wir diesem Augenblick schuldig sind. Wir brauchen also ein Gespür für das, was gerade wichtig ist. Spiritualität heißt für Lukas nicht, dass wir uns über unsere schönen Gefühle unterhalten und von religiöser Mystik schwärmen. Spiritualität verlangt die Bereitschaft, sich auf den konkreten Alltag einzulassen.

Wir können darin eine Bestätigung dessen finden, was die Benediktiner später mit ora et labora zu leben versuchen. Die benediktinische Spiritualität ist eine geerdete Spiritualität. Da geht es nicht darum, lange über die Dienste zu diskutieren, sondern sie einfach zu tun, und sie so zu verrichten, dass alle damit zufrieden sind. Wir können das Wort Jesu vom Tun des Schuldigen auch noch nüchterner umformulieren: Wir sollen einfach tun, was dran ist. Spirituelles Leben ist keine Flucht vor der Realität des Alltags, keine Flucht in schöne Gefühle und hehre Gedanken. Das bezeichnen die Psychologen als Flucht in die Grandiosität: Wir fühlen uns als etwas Besonderes, weil wir im Dienst Jesu stehen oder weil wir eine wichtige Funktion in einem Unternehmen haben. Doch dann lassen wir uns nicht wirklich auf das ein, was gerade dran ist. Wir benutzen unseren Dienst, um uns über andere zu stellen.

Mir ist der Sinn dieses Gleichnisses neu aufgegangen, als ich mich über den Taoismus informiert habe. Der Taoismus ist eine sehr nüchterne Philosophie. Eine wichtige Aussage lautet: Tao – der Weg, der spirituelle Weg – ist das Gewöhnliche. Indem wir das Gewöhnliche tun, sind wir auf dem spirituellen Weg. Ähnliche

Gedanken finden wir in der stoischen Philosophie. Ich möchte nur einen Gedanken des römischen Sklaven Epiktet anführen, der uns helfen könnte, den Sinn des Gleichnisses Jesu zu verstehen. Er unterscheidet zwischen dem, was in unserer Gewalt steht, und dem, was nicht in unserer Gewalt ist. Unser Denken und Fühlen sind in unserer Gewalt. Das Äußere dagegen, was uns in der Natur begegnet, oder die Verhaltensweisen der Menschen um uns herum stehen nicht in unserer Gewalt. Der größte Fehler, den wir machen können, ist, ständig um das zu kreisen, was nicht in unserer Gewalt steht. So schreibt Epiktet: »Hältst du für frei, was seiner Natur nach unfrei ist, und für dein eigen, was fremd ist, so wirst du viel Verdruss haben, Aufregung und Trauer, und wirst mit Gott und allen Menschen hadern. Hältst du aber nur das Deine für dein eigen und Fremdes für fremd, so wird nie jemand dich zwingen, nie jemand dich hindern, du wirst nie jemand Vorwürfe machen, nie jemand schelten, nie etwas wider Willen tun. Niemand wird dir schaden, denn du wirst keinen Feind haben – nichts kann dir schaden« (Epiktet, 21). Das heißt für mich: Wenn ich meinen Dienst einfach annehme als das, was mir aufgetragen ist, was ich mir nicht nach meinen Vorstellungen ausgesucht habe, bin ich im Einklang mit mir selbst. Dann kann ich mich ganz auf meinen Dienst einlassen und erfahre in diesem die Offenheit für Gott. Epiktet gibt uns dazu einen guten Rat: »Verlange nicht, dass alles so geschieht, wie du es wünschst, sondern sei zufrieden, dass es so geschieht, wie es geschieht, und du wirst in Ruhe leben« (Epiktet, 25).

Auf dem Hintergrund der stoischen und der taoistischen Gedanken ist mir auch das Verständnis gewachsen für ein Wort aus der Regel Benedikts, das mir in meiner Klosterjugend eher unsympathisch war. Es ist die sechste Stufe der Demut, die Benedikt so beschreibt: »Der Mönch ist zufrieden mit dem Allergeringsten und Letzten und hält sich bei allem, was ihm aufgetragen wird, für einen schlechten und unwürdigen Arbeiter. Er sagt sich mit dem Propheten: ›Zu nichts bin ich geworden und verstehe nichts; wie ein Lasttier bin ich vor dir und bin doch immer bei dir‹« (RB 7,49f). Henri Nouwen, dem holländischen Theologen und Psychologen, ist das bei seinem Aufenthalt in einem Trappistenkloster aufgegangen. Da erkannte er, dass er in seinen Vorträgen immer etwas Besonderes hatte sein wollen, die Botschaft Jesu auf seine ganze besondere Weise hatte verkünden wollen. Doch dann ging ihm auf: »Wenn wir das Verlangen, anders zu sein, aufgeben und uns selbst als Sünder erfahren haben, ohne jedes Recht auf besondere Beachtung, nur dann entsteht ein Raum, in dem wir unserem Gott begegnen, der uns bei unserem Namen ruft und uns einlädt, ihm in seiner letzten Tiefe nahezukommen« (Ich hörte auf die Stille, 78). Das Wort Jesu, dass wir uns auf das ganz Gewöhnliche einlassen, ist also für Nouwen ein wichtiger Weg zu dem inneren Raum, in dem wir Gott begegnen können.

Jesus will uns mit diesem Gleichnis einen Weg zeigen, wie wir in Frieden kommen mit uns selbst und wie wir zufrieden sein können mit der Aufgabe, die uns das Leben stellt. Wenn wir uns nicht vergleichen mit anderen, die vielleicht eine interessantere und bedeutendere Arbeit machen, sondern uns einfach einlassen auf das, was wir schuldig sind, dann finden wir innere Ruhe. Und dann sind wir im Einklang mit Gott.

Anselm Grün

Den Himmel sehen

LUKAS 19,1-10

Die Erzählung von der Begegnung Jesu mit dem Oberzöllner Zachäus war zu allen Zeiten gerade bei den Künstlern beliebt. Schon sehr früh hat man auf christlichen Sarkophagen diese Szene dargestellt. In vielen Psaltern des Mittelalters findet sich diese Begegnung. Ein Grund dafür ist, dass bei der Weihe einer Kirche dieses Evangelium immer vorgelesen wurde – eine interessante Tatsache. In der Kirchweihe nehmen wir als Menschen symbolisch Jesus in unser Haus auf. Aber wir sind Sünder wie Zachäus. In der Kirche wohnen wir Sünder mit Jesus zusammen, damit Jesus auch uns verwandelt, so wie er es mit Zachäus tat. Jesus steigt in seiner Menschwerdung hinab zu uns, um bei uns einzukehren und uns sein Heil zu bringen. Die Kirchenväter haben alle Bilder dieser Geschichte allegorisch gedeutet. Der Baum, auf den Zachäus klettert, ist ein Symbol für das Kreuz. Er erhebt sich vom Boden, von seinen Lastern, um auf das Kreuz Jesu zu steigen und dort Heil zu erfahren.

Doch schauen wir uns die Geschichte so an, wie Lukas sie erzählt: Jesus steigt von Jerusalem hinab nach Jericho. Er steigt zu uns herab. Wir finden uns im reichen Oberzöllner Zachäus wieder. Er war klein von Gestalt. Man könnte sagen: Gerade, weil er klein war und sich klein fühlte, versuchte er seine Minderwertigkeitsgefühle dadurch zu kompensieren, dass er versuchte, möglichst viel Geld zu verdienen. Dazu presste er die Menschen aus, wie es die Zöllner damals taten, die von den Römern jeweils eine Zollpacht erwarben und sie dann für die eigenen Zwecke ausnutzten. Der Reichtum dient dem Zachäus dazu, sein Selbstwertgefühl zu steigern. Doch es gelingt ihm nicht. Je mehr er Geld scheffelt, desto mehr wird er von seinen Mitmenschen abgelehnt. Das ist der Teufelskreis, in dem sich viele Menschen mit Minderwertigkeitskomplexen befinden: Je mehr sie auffallen wollen, um endlich anerkannt zu werden, desto mehr werden sie abgelehnt und ausgegrenzt. Zachäus konnte nur an seine Größe glauben, indem er andere kleinmachte. Er musste sich über die Menschen stellen, weil er sich neben ihnen zu klein vorkam. Doch das macht einsam. Aus dem Teufelskreis der Einsamkeit und Ablehnung kommt Zachäus aus eigener Anstrengung nicht heraus. Er braucht die Begegnung mit Jesus, um anders leben zu können, um umzukehren. Von ihm heißt es: Er »suchte« Jesus zu sehen. Das griechische Wort zetein, suchen, ist ein Bild für die Sehnsucht des Menschen. Jeder, auch der Sünder, sehnt sich letztlich danach, Gott zu begegnen, einer Liebe zu begegnen, die nicht verurteilt, sondern die die tiefste Sehnsucht stillt, die Sehnsucht nach einer Liebe, die uns vermittelt: Du bist ganz und gar angenommen.

Interessant ist, dass Lukas an dieser Stelle viele Verben gebraucht, die Bewegung ausdrücken. Jesus geht in die Stadt und zieht durch sie hindurch. Zachäus läuft vor der Menge her. Er kann offensichtlich nicht durch die Menge gelangen. Also steigt er auf einen Maulbeerfeigenbaum, um Jesus sehen zu können. Dieser schaut zu Zachäus hinauf. Bisher haben alle auf ihn herab oder an ihm vorbeigeschaut. Indem Jesus zu ihm aufsieht, schenkt er ihm Ansehen. Er fühlt sich zum ersten Mal als Mensch wirklich gemeint. Im hellenistischen Milieu bedeutet das griechische Wort für dieses Sehen, *anablepo*, eigentlich das Hochschauen in den Himmel und zu den körperlosen Ideen. Jesus schaut zu einem Menschen hoch. Er sieht in ihm den Himmel, schaut in ihm das Antlitz Gottes. Das ist eine mutige Aussage des Evangelisten: Jesus sieht in dem Sünder den Himmel. In diesem Menschen, den alle als Sünder ablehnen, sieht Jesus die Offenheit für, die Sehnsucht nach Gott. Dieser Blick schafft den Zachäus neu. Er bekommt ein neues Gesicht. Im Antlitz Jesu entdeckt er sein eigenes Gesicht. Und das Gesicht wird von Freude erfüllt.

Jesus verwandelt den Zachäus durch seinen Blick, aber auch durch sein Wort. Er nennt ihn bei seinem Namen und spricht ihn an, ohne ihn zu bewerten. Er solle hinuntersteigen, sagt er zu ihm – ein Wort, das ihn herausfordert. Aber dieses Hinuntersteigen hat ein Ziel: »Denn heute muss ich in deinem Haus Gast sein« (Lk 19,5). Jesus macht ihm damit keinen Vorwurf, sondern spricht ihm etwas zu, befreit den Zachäus von dem Zwang, sich selbst darstellen, sich über die anderen stellen zu müssen. Jetzt steigt er schnell herunter. Er, der Kleine, der zu hoch hinaus wollte und sich gerade deshalb verstieg, steigt herab. Er wird demütig, *humilis*, vertraut mit der Erde. Dort, auf ebener Erde, geschieht das Wunder der Verwandlung. Durch den Menschen Jesus, der mit ihm feiern, der mit ihm essen und trinken möchte, wird der Mensch Zachäus verwandelt. Jesus predigt keine Umkehr, sondern er lässt Zachäus seine bedingungslos annehmende Liebe erfahren. Diese Erfahrung bringt den Oberzöllner zur Umkehr. Jetzt ahmt er Jesus nach, der in seiner Menschwerdung hinabgestiegen ist zu uns. Zachäus steigt schnell hinab in seine eigene Wirklichkeit. Er erhebt sich nicht mehr über andere, sondern steigt auf die Erde hinab, um Mensch unter Menschen zu sein. Er nimmt Jesus, den Menschensohn, voller Freude auf in sein Haus.

Doch sofort erhebt sich ein Murren. Auch das ist ein typisches Stilmittel bei Lukas. Immer, wenn von Vergebung, Heilung und Erlösung die Rede ist, gibt es eifersüchtige Proteste. Die Pharisäer murren hier nicht nur gegen den Zachäus, sondern vor allem gegen Jesus, der bei einem Sünder einkehrt. Doch der, den sie als Sünder ablehnen, beschämt sie. Von sich aus möchte er nun die Hälfte seines Vermögens den Armen geben und vierfach zurückzahlen, was er zu Unrecht eingenommen hat. Weil er sich selbst angenommen weiß, weil er mit seiner eigenen Würde in Berührung gekommen ist, muss er nicht mehr auffallen und Geld scheffeln. Jetzt ist er frei, zu geben, woran er sich geklammert hat. Die Umkehr geschieht aus der Erfahrung der Zuwendung und der Freude, die aus seinem Gesicht strahlt. Wer diese Geschichte liest, der bekommt wie Zachäus ein neues Gesicht.

Auf das Murren der Frommen antwortet Jesus mit dem Satz: »Heute ist diesem Haus Heil widerfahren, weil auch er ein Sohn Abrahams ist. Denn der Menschensohn ist gekommen, um zu suchen und zu retten, was verloren war« (Lk 19,9f). Zwei Aussagen sind mir hier besonders wichtig: Jesus spricht zum zweiten Mal im Text von »heute«. Insgesamt siebenmal gebraucht Lukas das Wort in seinem Evangelium, es ist also auffallend, dass es hier gleich zweimal vorkommt. Man könnte Lukas als den Evangelisten des Kirchenjahres bezeichnen, denn er will deutlich machen: Das, was damals mit Jesus geschehen ist, geschieht heute an uns und mit uns, wenn wir sein Gedächtnis feiern. Es ist daher auch kein Zufall, dass gerade im Zusammenhang mit einem Mahl zweimal das Wort »heute« gebraucht wird, denn für Lukas sind die Mahlzeiten Jesu mit den Menschen immer ein Bild für die Eucharistie. In jeder Eucharistie geschieht heute das, was damals zwischen Jesus und Zachäus geschehen ist. Wenn wir die Hostie in der Hand halten, können wir uns vorstellen: Jesus selbst schaut jetzt zu mir, dem Sünder, empor und sieht in mir den Himmel. Das verwandelt mich. Aber ich sollte mit dem Blick Jesu auch auf die Menschen um mich herum aufschauen und in ihnen den Himmel entdecken.

Jesus spricht vom Heil, das heute dem Haus des Zachäus widerfahren ist. Das griechische Wort soteria und sozein hat verschiedene Bedeutungen: 1. Rettung aus Gefahr oder auch Rettung vor einer Krankheit. 2. Bewahren und Beschützen. Hier ist vor allem gemeint, dass mein wahres Selbst geschützt wird, dass das innere Wesen des Menschen bewahrt wird. 3. Wohltun, gesund machen, gesund bleiben, Wohlbefinden. Lukas kennt die griechische Philosophie. So wird in dem Wort, das er deutlich häufiger gebraucht als die übrigen Evangelisten, immer etwas von diesen drei Bedeutungen mitschwingen. Dort, wo Jesus ist, werden wir errettet aus schuldhaftem Verhalten, werden wir geheilt von unseren krankhaften Lebensmustern. Dort kommen wir in Berührung mit unserem innersten Wesen, spüren wir Wohlbefinden, Freude und Frieden.

Jesus sagt von sich: »Ich bin gekommen, zu suchen und zu retten, was verloren ist«. Von Zachäus heißt es, dass er Jesus suchte. Der Mensch sehnt sich nach Gott. Aber auch Gott sucht durch Jesus den Menschen. Suchen und finden ist ebenfalls das zentrale Motiv bei den Gleichnissen vom verlorenen Schaf, von der verlorenen Drachme und vom verlorenen Sohn. Wir Menschen sind immer in Gefahr, uns selbst, unsere innere Mitte zu verlieren. Wir verlieren uns in tausend Aktivitäten. Jesus ist gekommen, um uns zu suchen. Wenn er uns gefunden hat, führt er uns zu unserem wahren Selbst, befreit er uns von inneren Zwängen und Abhängigkeiten und heilt unsere Wunden. In der Nähe Jesu findet Zachäus zu seiner Würde, entdeckt er das Gute und Gerechte, das in ihm steckt, das aber verborgen war unter seiner Gier nach Geld und Anerkennung. All das, was in dieser wunderbaren Erzählung geschieht, will an uns geschehen, wenn wir miteinander Eucharistie feiern. Und jede Kirche ist ein Bild für das Haus der Sünder, das durch den Einzug Jesu in ein Haus des Heils und der Heilung, der Rettung und Befreiung, der Erlösung und Versöhnung verwandelt wird.

Für mich spricht aus dieser Erzählung die menschenfreundliche Theologie des Evangelisten Lukas. Er verzichtet darauf, die Menschen kleinzumachen, ihnen ständig ihre Sündhaftigkeit vorzuhalten, sondern erzählt vom menschenfreundlichen Jesus, der allen so begegnet, dass sie freudig umkehren und auf diese Weise ihren eigenen Humanismus, ihre eigene Menschlichkeit und Menschenfreundlichkeit entdecken. Ihre Verwandlung führt zu einem neuen Verhalten anderen gegenüber. Unsere Augen, die bisher nur auf uns selbst geschaut haben, öffnen sich, und wir erkennen in den Menschen den Himmel, den guten Kern. Wir entdecken in jedem die Sehnsucht nach Gott. Wir nehmen die Menschen wahr und werden ihre Brüder und Schwestern. Statt zur Umkehr zu mahnen, geschieht Umkehr im Lesen dieser wunderbaren Geschichte. Darin besteht die schriftstellerische Kunst des Lukas: Er predigt nicht die Umkehr, sondern er beschreibt sie. Das Lesen selbst verwandelt uns. Es bringt uns in Berührung mit dem Himmel in uns und mit unserer Sehnsucht nach Heil und Erlösung.

Anselm Grün

Mensch werden - Selbst werden

JOHANNES 2,1-22

Die beiden Geschichten, die Johannes im zweiten Kapitel seines Evangeliums erzählt, können als Bilder für die Bedeutung Jesu, für die Menschwerdung Gottes in Jesus Christus und für seinen Tod am Kreuz verstanden werden. Wir können sie aber auch als Beschreibung des Prozesses der Selbstwerdung sehen. In beiden Geschichten leuchtet also das Geheimnis Jesu und zugleich das Geheimnis unseres Menschseins auf.

Die Erzählung von der Hochzeit zu Kana will uns mehr sagen, als dass Jesus gerne auf Hochzeiten ging und mit den Menschen gefeiert hat. Die Freude, die bei einer Hochzeit herrscht, ist einmal ein Bild für das Wesen Jesu, der gekommen ist, um uns eine Freude zu schenken, die uns niemand nehmen kann (vgl. Joh 16,22). Zum anderen kann sie auch ein Bild dafür sein, dass unser Prozess der Selbstwerdung nicht nur anstrengend, sondern auch von Freude geprägt ist. C. G. Jung, der berühmte Schweizer Psychoanalytiker, hat oft von den schmerzlichen und dunklen Seiten im Prozess der Individuation gesprochen. Seine Schülerin Marie-Luise von Franz betont dagegen: »Wenn jemand tut, wozu er oder sie geschaffen ist, dann erlebt dieser Mensch Freude und Befriedigung« (zit. nach Sanford I,62).

Alles, was in dieser Bibelstelle berichtet wird, hat auch eine symbolische Bedeutung. Das beginnt mit der Einleitung: »Am dritten Tag fand in Kana in Galiläa eine Hochzeit statt, und die Mutter Jesu war dabei« (Joh 2,1). Johannes hat in seinem Evangelium seit dem Auftreten Johannes des Täufers ganz zu Beginn des Textes dreimal einen Abschnitt mit den Worten: »am Tag darauf« eingeleitet (Joh 1,29.35.43). Der dritte Tag nach den vier Tagen, von denen Johannes bisher berichtet hat, ist also der Sabbat. An ihm vollendet sich die Schöpfung. Die Hochzeit zu Kana beschreibt das Geheimnis der Menschwerdung Gottes in Jesus Christus. In ihm wird der Mensch wieder so hergestellt, wie er in der Schöpfung ursprünglich gedacht war. Zugleich erinnert der dritte Tag an den Tag der Auferstehung. In der Auferstehung Jesu wird unser Leben verwandelt und mit göttlichem Wein erfüllt. In Jesus feiert Gott Hochzeit mit den Menschen. So wie die Partner sich darin miteinander verbinden, so wird in der Menschwerdung und der Auferstehung Jesu der Mensch mit Gott eins.

In der Geschichte ist den Menschen der Wein ausgegangen. Sie wollen Hochzeit feiern, aber es gelingt ihnen nicht. Sie haben keine Liebe mehr, sind unfähig zur Liebe. Darin besteht die Not der Menschen. Es geht Johannes generell nicht in erster Linie um die Erlösung aus der Schuld, sondern um die Befreiung aus der Unfähigkeit zu lieben. Es sind nur sechs steinerne Wasserkrüge dort. Sechs ist die Zahl der Unvollkommenheit. Das Leben der Mensch ist unvollkommen, es ist nur Arbeit, Mühe, Plage. Es ist erstarrt, wie es die steinernen Krüge symbolisieren. Das Wasser in diesen Krügen dient zur Reinigung. Doch die wahre Reinigung geschieht nicht durch die alten Riten, sondern durch die Menschwerdung Jesu. In ihr hat Gott den Menschen gereinigt und in seiner ursprünglichen Schönheit wiederhergestellt.

Weiter wird erzählt, dass die Mutter Jesu auch bei der Hochzeit war. Im Johannesevangelium hat sie nur hier zu Beginn des Wirkens Jesu und am Ende unter dem Kreuz eine wichtige Funktion. Auch darin wird eine tiefe Symbolik sichtbar: Die Mutter Jesu setzt das Wandlungswunder in Gang. Sie hat das Wunder der Menschwerdung durch die Geburt ihres Sohnes ermöglicht. Sie ist die Pforte, durch die Jesus zu den Menschen geht, sie führt ihn bei den Menschen ein. Maria spürt als erste den Mangel und weist Jesus auf den ausgegangenen Wein hin. Man könnte Maria hier auch als Bild für die *anima*, die weibliche Kraft in uns, sehen. Sie spürt, woran es uns mangelt. Diese Einsicht der *anima* steht am Beginn jedes Wandlungsprozesses. Jesus scheint seiner Mutter gegenüber sehr distanziert zu sein: »Was willst du von mir, Frau? Meine Stunde ist noch nicht gekommen« (Joh 2,4). Uns kommt dieses Wort sehr hart vor. Doch manche Exegeten meinen, es soll nur ausdrücken, dass Jesus nicht gestört werden möchte. Er fragt nach dem Willen Gottes, aber letztlich lässt er sich von Maria dazu bewegen, den Mangel zu beseitigen. Johannes schildert hier nicht die persönliche Beziehung Jesu zu seiner Mutter. Jesus will vielmehr auf Gottes Stimme hören. Darum geht es: Seine Stunde ist noch nicht gekommen. Seine Stunde ist die Stunde seiner Verherrlichung am Kreuz und in der Auferstehung. Wenn seine Stunde gekommen ist, erst dann gibt es den Wein in Fülle. Jesus selbst ist der Wein, der das Herz des Menschen erfreut. In der Stunde seines Todes wird er sein Herz für uns öffnen. Dann können wir den Wein trinken, der aus seinem Herzen strömt. Der wahre Wein ist die Liebe Gottes, die aus dem geöffneten Herzen Jesu kommt. Maria versteht die Antwort Jesu nicht als Zurückweisung. Sie glaubt vielmehr an ihren Sohn, an seine verwandelnde Liebe, schon vor dem Zeichen, das er im Weinwunder setzt. Die Jünger erst danach (Joh 2,11).

Der amerikanische Theologe und Psychoanalytiker John Sanford deutet diese Geschichte als ein Bild für die Beziehung Jesu zur Frau und für die Beziehung zwischen *animus* und *anima*. Zur Hochzeit, zur Ganzwerdung des Menschen, gehört auch, dass er animus und anima in sich integriert. Der *animus* ist der Handelnde, doch die *anima* spürt, was dem Mann fehlt. Sie zeigt ihm, dass er nicht alles selbst machen kann, dass er angewiesen ist auf die Liebe, die ihm geschenkt wird. Die *anima* hat ein Gespür, was sich im Mann wandeln muss, damit er ganz zu sich selbst findet. Im Johannesevangelium geht es in den Erzählungen, bei denen Frauen im Mittelpunkt stehen, immer um die Liebe. So ist es hier, so ist es in der Geschichte von der samaritischen Frau, so ist es in der Erzählung von Lazarus. Da heißt es: »Jesus liebte Marta, ihre Schwester und Lazarus« (Joh 11,5). Von den Jüngern wird nie gesagt, dass Jesus sie liebte – außer von einem. Von ihm heißt es, dass er beim letzten Abendmahl an der Seite Jesu lag: »Es war der, den Jesus liebte« (Joh 13,23). Um die Liebe geht es auch bei der Erzählung von der Salbung in Betanien. Maria »salbte Jesus die Füße und trocknete sie mit ihrem Haar« (Joh 12,3). Und als Maria unter dem Kreuz steht, ist sie ein Zeichen dafür, dass sein Tod die Vollendung der Liebe ist (Joh 19,25–27).

Die Kirchenväter deuten in dieser Geschichte immer wieder den Gegensatz der sechs Krüge mit Wasser zu dem Wein in Fülle. Die steinernen Krüge sind Bilder für das Erstarrte einer rigorosen Gesetzesfrömmigkeit, der Wein Zeichen für Lebendigkeit und Freude, für das Evangelium, das das Herz der Menschen erfreut. Unser Leben bekommt durch die Menschwerdung Jesu einen neuen Geschmack. Mit Wasser kann man kein Fest feiern. Das Fest, das verzaubert, braucht den Wein. Die sechs Krüge verweisen auf den siebten Krug, der sich am Kreuz öffnen wird, wenn der Soldat die Seite Jesu durchbohrt und aus der geöffneten Seite Blut und Wasser strömen, Bild für die menschgewordene Liebe Gottes. Johannes zielt in seinem Evangelium immer auf diesen Augenblick, in dem der Soldat die Seite Jesu öffnet. Eine ähnliche Symbolik findet sich in der Geschichte mit der Samariterin, die von sechs Männern erzählt, die sie hatte, und von denen keiner ihre letzte Sehnsucht erfüllen konnte. Sie verweisen auf den siebten Mann, der am Kreuz sein Herz für uns Menschen öffnet.

Voller Symbolik ist auch die Bemerkung über den Speisemeister: »Er wusste nicht, woher der Wein kam; die Diener aber, die das Wasser geschöpft hatten, wussten es« (Joh 2,9). Die Frage nach dem »Woher« ist typisch für das Johannesevangelium. Es ist letztlich die Frage nach dem Woher Jesu und dem des Menschen überhaupt. Wer weiß, dass Jesus vom Vater kommt, der versteht die Erzählung vom Weinwunder, der versteht das ganze Evangelium. Die Diener, die wissen, woher der Wein kommt, sind Bilder für die Leser, die aus dem Prolog wissen, woher dieser Jesus kommt. Das Woher bezieht sich aber auch auf den Leser: Woher kommt der Mensch? Wir kommen von Gott her. Wir haben in Gott unseren wahren Grund.

Wichtig ist die Bemerkung des Speisemeisters: »Du hast den guten Wein bis jetzt zurückgehalten« (Joh 2,10). Mit Jesus ist die Zeit gekommen, den Wein in Fülle zu trinken, Hochzeit zu feiern mit Gott. Der Leser soll durch dieses Wort erkennen, was in Jesus in diese Welt eingebrochen ist, dass unser Leben durch ihn einen neuen köstlichen Geschmack bekommen hat. Johannes nennt dieses Wunder das erste Zeichen. Sieben Zeichen wird er in seinem Evangelium schildern. Jesu Wundertaten sind nicht wie bei den übrigen Evangelisten *dynameis*, Krafttaten, sondern *semeia*, Zeichen – Zeichen für die Herrlichkeit Gottes, die in Jesus aufleuchtet, und für den Beginn der messianischen Heilszeit. In diesen Zeichen strahlt jetzt schon auf, was dann erst in der Verherrlichung Jesu am Kreuz und in der Auferstehung für alle sichtbar wird. Die sieben Zeichen stehen zugleich für unsere eigene Verwandlung – die Sieben ist die Zahl der Verwandlung. Es geht darum, dass unser Leben durch die Begegnung mit Jesus verwandelt wird, dass wir durch die Verwandlung immer mehr zu dem Menschen werden, als den uns Gott geschaffen hat.

Die Exegeten haben sich gefragt, woher das Motiv der Hochzeit für die Beschreibung der Menschwerdung Gottes in Jesus Christus stammt. In der jüdischen Apokalyptik gibt es das Bild der Endzeit, in der Wein in Fülle vorhanden ist. Diese Heilszeit ist die Zeit des ewigen Festes. In Jesus hat die Heilszeit in ihrer Fülle begonnen. Der evangelische Theologe und Exeget Rudolf Bultmann weist auf die Parallele zum Dionysoskult hin: Am Vorabend des Dionysosfestes (5. Januar) stellte man in Elis drei leere Krüge im Tempel auf, die dann am anderen Morgen voller Wein waren. Ob sich Johannes auf die Dionysoslegende bezieht, ist nicht eindeutig zu klären. Aber zumindest hat die frühe Kirche diesen Bezug hergestellt. Am 6. Januar feierten die Griechen das Fest der Epiphanie, der Erscheinung Gottes. Und an diesem Fest wurde das Evangelium von der Hochzeit zu Kana vorgelesen. Die frühe Kirche sah in Jesus die Erfüllung der dionysischen Sehnsucht nach Ekstase, nach Rausch, nach Verwandlung. Jesus ist nicht der Asket wie Johannes der Täufer, der Verzicht predigte. Jesus bringt die Fülle des Lebens. Dionysos war auch der Gott der Liebe und der Sexualität. Was die Menschen sich von der Sexualität und von der Liebe ersehnen, das wird in Jesus erfüllt. In ihm ist Gottes Liebe sichtbar, berührbar, trinkbar geworden. Sie gibt unserem Leben einen neuen, einen berauschenden Geschmack. Jesus ist nicht der Gegensatz zu Dionysos, wie es Friedrich Nietzsche gesehen hat, sondern die Erfüllung des Dionysos und der Sehnsucht nach Ekstase. Hölderlin hat zurecht versucht, Dionysos und Jesus zusammen zu sehen, die Sehnsucht nach ekstatischer Liebe und Kontemplation, in der Gottes Herrlichkeit und Liebe in das Herz des Menschen strömt.

Die zweite Geschichte, die vor dem öffentlichen Wirken Jesu steht und dieses deutet, ist die Vertreibung der Händler aus dem Tempel. Die übrigen Evangelisten erzählen diese Geschichte kurz vor der Passion Jesu. Damit berichten sie historisch sicher genauer. Wenn Johannes diese Erzählung zu Beginn des Wirkens Jesu setzt, dann will er uns einen Schlüssel in die Hand geben, wie wir alles Nachfolgende verstehen sollen. Während die Hochzeit zu Kana ein Bild für die Menschwerdung ist, leuchten im Bild von der Vertreibung der Händler der Tod Jesu und seine Auferstehung auf. Das wird schon im ersten Wort deutlich: »Das Paschafest der Juden war nahe, und Jesus zog nach Jerusalem hinauf« (Joh 2,13). Jesus setzt in der Vertreibung der Händler ein Zeichen, in dem das wahre Pascha aufleuchtet. Pascha heißt, so sagt Augustinus: transitus, hinübergehen. Von der sichtbaren in die unsichtbare Welt, von der Gefangenschaft in die Freiheit, von der Entfremdung in die Heimat, vom Uneigentlichen zum Eigentlichen. Wir können den Hinübergang auch persönlich verstehen: Johannes will uns vor Augen führen, wie auch wir innerlich aus einer Situation des rein Geschäftlichen und Irdischen in den Raum des Himmlischen und Göttlichen hinübergehen.

Ein anderes Motiv bei der Vertreibung der Händler aus dem Tempel ist das der Reinigung. Im Tod Jesu wird der Tempel des menschlichen Leibes gereinigt. Er war zu einer Markthalle verkommen, in der die Händler lärmten und die Rinder, Schafe und Tauben alles bestimmten. Das sind innere Bilder. Origenes deutet sie auf zwei verschiedene Weisen. Einmal sind es die Menschen in der Kirche: »Immer gibt es viele, die den Lauteren und Einfältigen berauben und jeden bitteren Gewissensbiss verachtend schnöden Gewinn zuliebe die Sorge um die – im übertragenen Sinn – ›Tauben‹ Genannten verraten« (Origenes, 225). Dann aber deutet Origenes den Tempel als Bild für die menschliche Seele. In ihr findet Jesus »irdische und unvernünftige und widrige Regungen. Was darin fälschlicherweise als gut erscheint, wird von Jesus durch sein aus aufweisenden und überführenden Lehren geflochtenes Wort ausgetrieben, damit das Haus seines Vaters nicht mehr ein Warenhaus sei« (Origenes, 226f).

Die Deutungen des Origenes erlauben uns, die Reinigung des Tempels als Bilder für uns zu verstehen. Wir sind oft genug bestimmt von unseren lärmenden Gedanken, von dem Lärm der Welt. Die Geldwechsler stehen für unsere Überlegungen, wie wir auf dem öffentlichen Markt gehandelt werden, was unser Tauschwert ist. In uns sind die Rinder Bilder für Vitalität und Sexualität, die uns beherrschen. Die Schafe sind Bilder für die Unfreiheit, mit der wir leben. Und die Tauben sind Bilder für die Gedanken, die hin- und herfliegen und uns nie zur Ruhe kommen lassen. All das treibt Jesus aus dem Tempel. Johannes verweist auf den Tod und die Auferstehung Jesu. Da wird das erfüllt, was er jetzt unter einem Zeichen vollbringt, wird unser Leib wiederhergestellt, werden wir wahrhaftig Tempel Gottes. Der Tod Jesu reinigt uns von allem, was sich in uns eingenistet hat: Schuld, das Tierhafte, Besitzgier, das Vergleichen mit anderen. Der Tod Jesu, in dem Gottes Liebe in unseren Leib ausstrahlt, befreit uns von allem inneren Chaos. Die Liebe Jesu verwandelt uns in einen Tempel Gottes.

Markthalle oder Tempel Gottes zu sein, das sind die Alternativen. Beide Bilder drücken jeweils eine andere Selbsterfahrung des Menschen aus. Die Markthalle erinnert uns an Lärm, an das vergebliche Bemühen, das innere Chaos zu bändigen. In der Markthalle ist es eng, alles ist angebunden. Ich erlebe manche Menschen, die sehr viel Energie verbrauchen, um von ihrem inneren Chaos nicht zerrissen zu werden. Alle Muskeln sind angespannt. Aus diesem Zustand will uns Jesus befreien, indem er unseren Leib in einen Tempel Gottes verwandelt. Ein Tempel ist weit. Wenn ich das Bild des Tempels für mich meditiere, dann erlebe ich meine Würde, meine Schönheit. Ich weiß, dass Gott in mir wohnt und seine Herrlichkeit in meinem Leib aufstrahlt. Zu dieser neuen Erfahrung des Menschseins will uns Jesus durch seine Menschwerdung und durch seinen Tod führen. Der Tod Jesu reinigt uns von allem, was unser Menschsein trübt. Es stellt den Leib als Tempel Gottes wieder her. So wie in Jesus der wahre Tempel Gottes erschienen ist, so wird durch die Auferstehung jeder, der an Jesus glaubt, zu einem Tempel, in dem Gottes Herrlichkeit wohnt. Die Geschichte von der Tempelreinigung ist ein heilendes Bild. Wenn ich es in mich einbilde, erfahre ich das Heil, das in Jesus Christus gekommen ist. Ich gelange aus dem Bereich des rein Irdischen, aus dem Bereich der Markthalle in den Bereich Gottes und meines wahren Selbst.

Was die Menschen seit jeher an dieser Geschichte fasziniert, ist der Zorn Jesu. Allerdings spricht Johannes nicht vom Zorn, sondern nur vom Eifer, der Jesus verzehrt. Er wird nicht vom Zorn beherrscht. Daher nutzt Johannes hier nicht das Wort *parorgismos*, das den egozentrischen Zorn meint, der immer darauf aus ist, andere, die mich verletzt haben, zu vernichten. Für Jesus nutzt die Bibel das Wort *orge*. Es ist die Kraft, das Böse zu vernichten, und eine klare Aggression als gesunde Reaktion auf einen unerträglichen Zustand. Dieser Zorn – so meint John Sanford – kommt aus dem Selbst und nicht aus dem beleidigten Ego (vgl. Sanford I,98). Man könnte sagen: Jesus ist in Berührung mit seinen Emotionen. Er kann sie so einsetzen, dass er etwas in Bewegung bringt. Die Emotion des Zorns gibt ihm die Kraft, den unerträglichen Zustand, den Tempel in eine Markthalle verwandelt zu sehen, aufzulösen und dem Tempel seine Würde zurückzugeben.

Anselm Grün

Wiedergeboren

JOHANNES 3,1-16

Das Gespräch Jesu mit Nikodemus weist Missverständnisse auf, die für den Stil des Johannesevangeliums typisch sind: Auf den ersten Blick scheinen Jesus und Nikodemus aneinander vorbei zu reden. Doch in Wirklichkeit will Jesus Nikodemus mit seinen Worten auf eine andere Ebene heben, er will ihn von seinem irdischen Denken hin zur Offenheit auf das Geheimnis Gottes, des Menschen und seines spirituellen Weges hinführen.

Nikodemus repräsentiert hier den Typ des frommen Juden, der von der Frage nach dem Heil umgetrieben wird. Wie Leben gelingen, heil und ganz werden kann, ist aber nicht nur eine Frage, die sich damals jüdische Gläubige gestellt haben, sondern eine, die wohl alle Menschen in jeder Zeit bewegt hat und auch heute bewegt.

Nikodemus sucht Jesus bei Nacht auf. Die Zeitangaben sind für Johannes immer von symbolischer Bedeutung. Die Nacht steht hier für die innere Dunkelheit und Finsternis, für die Verdunkelung des Sinns. Von Sinnlosigkeit geplagt, kommt Nikodemus zu Jesus, um bei ihm Antworten auf seine existenziellen Fragen zu bekommen. Doch er versteckt diese Frage hinter der Feststellung, dass Jesus offensichtlich von Gott kommt. Nikodemus spürt, dass in diesem Menschen etwas anders ist als bei den üblichen Lehrern, die von Gott sprechen, aber nicht aus Gott sind. Jesus erkennt, was den Fragesteller eigentlich umtreibt. Und bevor Nikodemus seine Frage wirklich formuliert hat, stellt Jesus eine Behauptung auf, die das eigentliche Problem seines Gesprächspartners auf den Punkt bringt:

»Wenn jemand nicht von Neuem (oder: von oben, griech. *anothen*) geboren wird, kann er das Reich Gottes nicht sehen« (Joh 3,3). Die Doppeldeutigkeit dieses Wortes ist sicher bewusst gewollt. Nur, wer von oben, aus Gott geboren wird, kann das Reich Gottes schauen, nur dessen Leben wird heil. Er wird aus der Welt des Scheins herausgerissen. Die Welt mit ihren Ansprüchen und Erwartungen hat keine Macht über ihn. Aber es geht nicht nur um den doppelten Ursprung des Menschen, der aus dieser Erde und zugleich aus Gott geboren ist, sondern auch um das Thema Wiedergeburt.

Die Mysterienreligionen, die im ersten Jahrhundert nach Christus ihre Hochzeit hatten, kennen ebenfalls das Motiv der Wiedergeburt. Das Mithrasheiligtum, das man heute noch unter der römischen Basilika San Clemente betrachten kann, zeigt uns deutlich, wie diese Wiedergeburt verstanden wurde. Der Myste, also der Mensch, der dieser Glaubensrichtung beitreten wollte, stieg in die Grube hinab und wurde mit dem Blut eines Stieres besprengt. Dadurch wurde er von allen Sünden gereinigt. Er starb der Welt und durfte erneuert, gottgleich, aus der Grube emporsteigen. Auch die Gnosis, eine zu dieser Zeit ebenfalls weit verbreitete Glaubensrichtung, kennt das Thema Wiedergeburt. Eigentlich ist es ein Bild für den inneren Weg des Menschen zu seinem wahren Selbst, und dieser Prozess verläuft bei jedem Menschen unterschiedlich. Man kann ihn nicht wirklich beobachten. Das Ziel ist immer das gleiche: »Das Ich als falsche Mitte der Persönlichkeit wird durch eine neue, echte Mitte ersetzt« (Sanford I,106). Nikodemus versteht das nicht, weil er sozusagen am Buchstaben der Schrift hängt. Jesus weist ihn auf eine tiefere, die spirituelle Dimension hin: »Was aus dem Fleisch geboren ist, das ist Fleisch; was aber aus dem Geist geboren ist, das ist Geist« (Joh 3,6). Johannes geht es um das Woher des Menschen. Wer aus dem Fleisch geboren ist, hat ein fleischliches Selbstverständnis, das heißt er definiert sich von den Maßstäben dieser Welt her. Wer aus dem Geist geboren ist, der hat seinen Ursprung in Gott. Er versteht sich von Gott her. Wiedergeboren zu werden ist ein spirituelles Erwachen zur Wirklichkeit: Meine Augen öffnen sich. Ich verstehe die Welt und mich selbst auf neue Weise. »Das spirituelle Geborenwerden befähigt den Menschen, die Anwesenheit der Ewigkeit in der Zeit zu sehen, das Ende in der Geschichte, das Göttliche selbst im menschlichen Fleisch Christi« (Leong, 83).

Bei dem Wort »Wiedergeburt« denken heute viele an Reinkarnation, an eine neue Art des Daseins nach dem Tod. Doch daran ist hier nicht gedacht. Es geht Johannes vielmehr um das Wesen des Menschen. Aus Gott geboren zu sein ist sein eigentliches Wesen. Damit ist nicht nur gemeint, dass der Mensch von Gott geschaffen ist. Das gilt für jeden Menschen. Wer von oben, aus dem Geist geboren wird, versteht sich vielmehr als einer, der seinen tiefsten Grund in Gott hat. Wiedergeburt beschreibt nicht eine moralische Besserung des Menschen, sondern das In-Berührung-Kommen mit seinem wahren Ursprung in Gott. Wer aus dem Fleisch geboren ist, der ist entfremdet. Er versteht sich selbst nicht, lebt einfach dahin. Die Wiedergeburt aus dem Geist versteht Rudolf Bultmann als eine »Seinsweise, in der der Mensch in seiner Eigentlichkeit ist, sich versteht und sich nicht mehr von der Nichtigkeit bedrängt weiß« (Bultmann, 100).

Auf die Frage, wie wir uns den Vorgang der Wiedergeburt vorstellen sollen, antwortet Jesus mit einem Rätselwort: Er weist auf das Geheimnis des pneumas hin, das im Griechischen zugleich »Geist« und »Wind« bedeutet: »Der Wind weht, wo er will; du hörst sein Brausen, weißt aber nicht, woher er kommt und wohin er geht. So ist es mit jedem, der aus dem Geist geboren ist« (Joh 3,8). Genauso unbegreiflich und geheimnisvoll wie der Wind ist auch die Wiedergeburt. Den Wind kann man nicht festhalten und in den Griff bekommen. Genauso wenig kann man das Geheimnis der Wiedergeburt in den Griff bekommen. Und dennoch zeigt es sich in seiner Wirkung. Der aus Gott Geborene verhält sich anders, er strahlt etwas anderes aus: Er ist frei. Er ist lebendig. Das Leben strömt in ihm.

Trotz dieses Verweises fragt Nikodemus noch einmal nach dem Wie: »Wie kann das geschehen?« (Joh 3,9). Jesus verweist ihn von der irdischen auf die himmlische Ebene: Über die Wiedergeburt kann man nicht wie über ein äußeres Verhalten oder etwas Sichtbares sprechen. Sie ist himmlischer Natur. Nur der, der im Himmel war und zu uns herabgestiegen ist, kann über das Woher unserer Existenz wirklich Auskunft geben. Jesus ist der wahre Lehrer, der uns einweist in den himmlischen Ursprung unseres Lebens, der uns das Woher unserer Existenz aufdeckt. Ich kann weder die Frage nach dem Woher noch nach dem Wie wirklich beantworten. Aber allein diese Frage zu stellen, befreit mich vom Verhaftetsein an meine Probleme. Die Frage hat schon heilende Wirkung. Sie zeigt mir, dass ich mir selbst ein Geheimnis bin. Mein wahres Selbst hat einen himmlischen Ursprung. Ich kann es mit irdischen Begriffen nicht beschreiben, genauso wenig wie ich den Wind in sich erkennen kann. Um das Geheimnis meines spirituellen Selbst zu wissen, befreit mich vom Kreisen um Vordergründiges. Es ist wie eine neue Geburt: Nicht mehr das Ego, das um sich kreist, herrscht in mir, sondern das wahre Selbst, in dem Gottes Bild sich eingebildet hat und das sich jedem menschlichen Erkennen entzieht.

Unmittelbar nach dem Gespräch mit Nikodemus folgen einige Sätze, die so etwas wie eine Reflexion über das Geheimnis Jesu und unsere Erlösung sind. In Vers 3,12 spricht Jesus von »wir« und »ihr«. Mit »wir« sind nicht die Christen und »ihr« nicht die Juden gemeint. Vielmehr bezeichnet Johannes mit »wir« die Menschen, die im Geist wiedergeborenen sind, die in Berührung sind mit ihrem wahren Selbst, mit ihrem seelischen Innenraum. Mit »ihr« meint Johannes »alle Menschen, die ein erstarrtes Bewusstsein haben, das eine direkte Erfahrung mit der inneren Welt ausschließt« (Sanford I,118). Zu den Menschen, die einen Zugang zu ihrer Seele haben, spricht Johannes in Worten, die das Geheimnis Jesu und unserer Erlösung durch Jesus aufleuchten lassen.

In Vers 14f deutet Johannes den Tod Jesu am Kreuz. Er erklärt seine Erhöhung mit dem Hinweis auf die alttestamentliche Geschichte von der ehernen Schlange, wie sie uns im Buch Numeri 21,1–9 erzählt wird: Als das Volk wieder einmal gegen Gott murrte, schickte er giftige Schlangen, an deren Biss viele Israeliten starben. Als Mose zu Gott fleht, sie zu befreien, antwortet ihm Jahwe: »Mach dir eine Schlange und häng sie an einer Fahnenstange auf! Jeder, der gebissen wird, wird am Leben bleiben, wenn er sie ansieht« (Num 28,8). Die Schlange ist in vielen Mythen und Kulturen ein wichtiges Symbol. Sie steht einerseits für die Bedrohung des Menschen durch den giftigen Biss und im übertragenen Sinn für all die giftigen und bitteren Gefühle, die der Seele schaden. Die Schlange ist häufig auch ein Phallussymbol und wegen ihrer Fähigkeit zur Häutung ein Bild für die Erneuerung des Menschen. Im Judentum wurde sie als Symbol der Sünde gesehen, denn laut der Geschichte von der Vertreibung aus dem Paradies im Alten Testament hat die Schlange Eva verführt. Zugleich steht sie auch für Klugheit. In einigen Kulturen ist sie ein Symbol für die heilende Macht Gottes. Am Kreuz wird Jesus wie die Schlange erhöht und an die Kreuzesstange geheftet. Wer auf diesen Jesus am Kreuz schaut, wird von seinen Wunden geheilt. Jesus ist für Johannes der göttliche Arzt, der verwundet am Kreuz hängt. Für die Griechen galt der Grundsatz, dass nur der verwundete Arzt zu heilen vermag. Asklepios, der griechische Gott der Heilung, wird immer mit einer sich um einen Stab schlängelnden Schlange dargestellt. Am Kreuz wird die tiefste Wunde sichtbar, die uns bedroht, die Todeswunde. Wenn wir auf Jesus schauen, werden wir von ihr geheilt, aber auch von allen anderen Wunden, die uns das Leben zufügt: von der Bitterkeit und von den giftigen Gefühlen, die in uns aufsteigen, wenn wir abgelehnt oder verletzt werden. Die sich häutende Schlange verweist auf die Erneuerung des Menschen. Jesus am Kreuz ist für Johannes die wahre Erneuerung der menschlichen Existenz. Da stirbt das alte Ego. Und der neue Mensch, der aus Gott geboren ist, der seinen Grund in der Liebe Gottes hat, kommt zum Vorschein.

Erlösung bedeutet für Johannes vor allem die Heilung unserer Wunden und die Verwandlung des Todes. Wer auf den am Kreuz erhöhten Jesus schaut und an ihn glaubt, der hat das ewige Leben (Joh 3,15). Der Schlüssel zum wahren Leben liegt darin, der Wahrheit ins Auge zu sehen: »Die Anerkenntnis der Wahrheit, auch wenn diese tragisch ist, hat immer eine befreiende Wirkung. Friedrich Nietzsche bemerkte, die Fähigkeit, mit der Tragödie zu leben, sei kein Zeichen der Schwäche, sondern der Stärke« (Leong, 88). Die Erlösung besteht gerade darin, dass wir im Kreuz der Tragödie des menschlichen Lebens ins Auge sehen. Nur so kann sie verwandelt werden. Nur so können wir unser Leben leben, ohne den dunklen und destruktiven Seiten ausweichen zu müssen.

Der Empfang des ewigen Lebens ist auch das Ziel der Menschwerdung Jesu: »Gott hat die Welt so sehr geliebt, dass er seinen einzigen Sohn hingab, damit jeder, der an ihn glaubt, nicht zugrunde geht, sondern das ewige Leben hat« (Joh 3,16). In diesem Vers wird der Grund der Menschwerdung und der Passion Jesu sichtbar: die Liebe Gottes zur Welt. Gott wollte nicht, dass die Menschen zugrunde gingen. Sie hatten sich und ihre Mitte verloren, ihr ursprüngliches Bild, ihre Lauterkeit, ihre Fähigkeit zu lieben. Sie waren mitten im Leben tot. Weil Gott die Menschen trotz oder gerade in ihrer Verlorenheit liebte, sandte er seinen Sohn. Er gab den Menschen seinen einzigen Sohn zum Geschenk. Doch in dieser Gabe der bedingungslosen Liebe Gottes steckt auch die Möglichkeit, dass die Menschen diese ablehnen. Der Glaube ist die Annahme der Gabe Gottes. Wer glaubt, wer erkennt, was Gott in Jesus den Menschen geschenkt hat, der hat ewiges Leben.

Worin besteht das ewige Leben, von dem Johannes so oft spricht? Es ist einmal das Leben, das durch den Tod nicht vernichtet werden kann, das also den Tod überdauert und bis in die Ewigkeit reicht. Ewiges Leben ist aber nicht in erster Linie jenes nach dem Tod, sondern es bezeichnet hier schon eine neue Qualität. Es ist Leben, das jetzt schon aus dem göttlichen Grund lebt, in dem jetzt schon Zeit und Ewigkeit zusammenfallen. Wenn ich ganz im Augenblick bin, wenn ich ganz eins bin mit mir, dann spüre ich die Qualität dieses ewigen Lebens, denn dann sind in diesem Augenblick Zeit und Ewigkeit eins. Vergangenheit und Zukunft verdichten sich im Augenblick. Ich bin in diesem Augenblick eins mit mir und mit Gott. Ich spüre, dass ich in Gott bin und Gott in mir, ich berühre das wahre Sein. Da ist alles eins.

Was Johannes mit ewigem Leben bezeichnet, das gleicht dem, was der amerikanische Psychologe Abraham Maslow »Gipfelerlebnisse« nennt. In so einem Gipfelerlebnis tritt der Mensch »ein in das Absolute, er wird eins mit Ihm, und wenn auch nur für einen kurzen Augenblick« (Grün/Riedl, 46). Da wird ihm alles klar, sieht er in allem Gott. Er erlebt sich selbst und die Welt viel intensiver und berührt das Eigentliche. Er spürt, was Leben im Tiefsten ist: Lebendigkeit, Glück, Freude, Liebe, Offenheit, Einssein. Sein Bewusstsein erweitert sich und er verbindet in seinem Bewusstsein Gott und Mensch, Leben und Tod, Himmel und Erde, Zeit und Ewigkeit.

Bernd Deininger

Der Sündlose werfe den ersten Stein

JOHANNES 7,53-8,11

In verschiedenen Texten des Neuen Testaments wird im Umgang Jesu mit seinen Mitmenschen seine grundsätzliche Haltung deutlich. Es geht ihm darum, Menschen in ihrer Not zu verstehen, statt sie zu verurteilen, und auszuleuchten, was die tieferliegenden Gründe und Motive sind, warum sie sich verhalten, wie sie sich verhalten.

Das jüdische Gesetz hatte sich im Wesentlichen auf die Seite der Männer geschlagen, vielleicht auch, weil es von Männern für Männer geschaffen wurde. Gab es einen Konflikt zwischen Männern und Frauen, wurden die Männer bevorzugt. Das hat sich in mancher Hinsicht bis heute nicht geändert, betrachtet man die Tatsache, dass Frauen bei einer Vergewaltigung häufig eine Mittäterschaft vorgeworfen wird, weil sie einen zu kurzen Rock oder einen zu tiefen Ausschnitt getragen haben und somit selbst schuld seien an ihrem Schicksal. Zur Zeit Jesu waren die Ansichten deutlich krasser: Ehefrauen galten als Besitz ihrer Männer. Ein Mann konnte die Ehe eines anderen Mannes belasten, sie gar gefährden und brechen, nie aber seine eigene. Das konnte nur die Frau – und sie wurde dafür streng bestraft, häufig mit dem Tod durch Steinigung.

Im Zentrum vieler Religionen, aber insbesondere im Zentrum des Judentums und des Christentums steht die Familie. Eltern sollen ihre Kinder so erziehen, dass sie gottesfürchtig werden. Zudem sollen sie die Gesetze, die sich in der Religion mit der Erziehung der Kinder beschäftigen, achten und durchsetzen. Generell spielen Ordnung und Regeln in den Religionen schon immer eine große Rolle. Insofern ist es schwierig, wenn man es zuließe, dass individuelle Gefühle schwerer wiegen als Gesetze, die über Jahrhunderte bestehen und allgemein gültig sind. Auf die Ehebrecherin bezogen bedeutet das: Es kann nicht darum gehen, was die Frau dazu gebracht hat, sich auf einen anderen Mann einzulassen, sondern dass die Tat als solche betrachtet werden muss, unabhängig von den dahinterliegenden Motiven. Gesetze, die in unterschiedlicher Weise für alle Lebensbereiche gemacht wurden, dienen dazu, dass eine Gesellschaft funktioniert. Individuelle Gründe, warum ein Einzelner ein Gesetz nicht einhalten konnte, spielen in der Regel keine Rolle.

In der Geschichte von der jungen Frau auf dem Tempelplatz von Jerusalem verhält sich Jesus erst einmal sehr mütterlich. Mütter beziehungsweise Frauen achten nicht so sehr auf das Formal-Allgemeine, sondern viel stärker auf das Persönlich-Individuelle. Es ist sehr schwer vorstellbar, dass eine Mutter dem Urteil, die Tochter zu steinigen, zugestimmt hätte. Sie hätte sich stattdessen bis zum Letzten für ihre Tochter eingesetzt oder zumindest versucht herauszufinden, was die Tochter dazu gebracht hatte, sich als verheiratete Frau auf einen anderen Mann einzulassen. Möglicherweise hätte sie sich auch gefragt, ob sie in der Erziehung etwas falsch gemacht hat und wo sie möglicherweise als Mutter mit verantwortlich war, dass sich ihre Tochter nicht auf einen Mann einlassen konnte.

Zu einem Ehebruch gehören mindestens zwei Menschen. Wenn es also schon zu einer Bestrafung beziehungsweise Verurteilung gekommen ist, so hätten eigentlich beide bestraft werden müssen, der Mann in gleicher Weise wie die Frau. Denn er hat sich ja auch auf eine Frau eingelassen, die mit einem anderen Mann verheiratet war, und hat sich so in dessen Beziehung eingemischt. Es gab damals unterschiedliche Motive, warum verheiratete Frauen aus der Ehe ausbrachen und sich einem anderen Mann zuwandten. Alle haben jedoch zu einer Verurteilung geführt. Es spielte keine Rolle, wie es zum außerehelichen Geschlechtsverkehr gekommen war, das heißt, ob eine Frau diesen anderen Mann wirklich liebte oder ob sie vergewaltigt worden war. Nur, wenn sie sich intensiv gewehrt hatte, bestand eine Möglichkeit, sich von Schuld loszusprechen.

Das Erlösende für die Frau in dieser biblischen Geschichte war, dass sich Jesus ihr zuwendet, indem er sie in ihrer Not unterstützt, begleitet und zu verstehen sucht, wie sie in die Situation hingeraten ist. Entscheidend ist aber, dass er sie nicht be- oder verurteilt. Weiterhin versucht er die anderen Menschen, die jetzt im direkten Kontakt mit dieser Frau stehen und im Wesentlichen ihr Urteil schon gesprochen haben, zum Nachdenken zu bringen. Er schafft es, dass die Ankläger sich mit sich selbst auseinandersetzen. Er zwingt sie, dass sie sich ihrer eigenen inneren Motive der Verurteilung dieser Frau annähern und sie sichtbar machen.

Ein wesentliches Motiv könnte gewesen sein, dass eigene sexuelle Fantasien, Wünsche und Impulse auf die Frau projiziert wurden, um dadurch von sich selbst abzulenken. Durch das Bewusstmachen der eigenen Anteile, durch das Sichtbarmachen der eigenen Projektionen wird deutlich, dass zwischen den Anklägern und der Angeklagten eigentlich kein Unterschied ist, dass in der Gestalt der Frau auch die verurteilenden Männer mit ihrer eigenen Geschichte und ihren eigenen Fehlern konfrontiert werden. Das ist das Bedeutende an dieser Szene: Hier wird aufgezeigt, dass Menschlichkeit bedeutet, erst sich selbst zu beurteilen und erst die eigenen inneren Konflikte zu betrachten, bevor die anderen beurteilt werden.

Der Mann aus Nazaret zeigt uns, dass er sich nicht auf die Seite derjenigen stellt, die eindeutig wissen, wo es langgeht, sondern dass es sich lohnt, immer wieder Sonderwege und Umwege zu gehen. Einer dieser Sonderwege zeigt sich in der Geschichte in dem Moment, als Jesus sich niederbückt und mit dem Finger auf die Erde schreibt. Für viele Theologen und neutestamentliche Exegeten ist es rätselhaft, was mit dieser Symbolhandlung ausgedrückt werden soll. Möglicherweise ging es aber nur darum, Zeit zu gewinnen und sich von den Umstehenden nicht bedrängen zu lassen. Für was hat er sich wohl Zeit genommen? Sicherlich hat er nicht darüber nachgedacht, wie er die Frau verteidigen könnte in der Form, wie es heute ein Rechtsanwalt tun würde. Er hat vielmehr versucht, sich in die Frau, aber auch in die anklagenden Männer hineinzufühlen und die Motive zu sehen, warum die Männer auf eine Bestrafung so viel Wert legten. Aus seiner eigenen inneren Position heraus, dass kein Mensch ohne Fehler ist, kam er zu dem Schluss, auch den Anklägern zu sagen: »Wer von euch ohne Sünde ist, werfe als erster einen Stein auf sie«. Mit diesem einen Satz sprach er jeden der Umstehenden direkt an und regte ihn zum eigenen Nachdenken und zur eigenen Gewissensprüfung an. Dieser Aspekt spielt auch in jeder tiefenpsychologischen Behandlung eine große Rolle. Insbesondere dann, wenn es um Schuldzuschreibungen geht, seien es nun die Eltern, die Geschwister, Arbeitskollegen oder Partner. Bei allen Konflikten muss immer auch die Frage gestellt werden, wo die eigenen Anteile liegen, die es zu einem Konflikt haben kommen lassen.

Was Jesus mit seiner Antwort erreicht, ist das Ende einer abstrakten, unpersönlichen Strafgerechtigkeit. Er nimmt die Menschen, die sich so sehr auf das Gesetz berufen, einzeln in die Verantwortung. Das bedeutet, dass sich auch in einer modernen Gesellschaft Menschen nicht hinter einem Kollektiv verstecken sollen, um anderen zu sagen: »Wir sind in Ordnung, ihr aber nicht«, sondern jeder Einzelne soll für sich selbst sagen: »Ich bin in Ordnung!« Es geht darum, dass der häufig praktizierte Rückzug hinter die Masse nicht länger geduldet werden darf, sondern dass jeder Einzelne klar und deutlich zu erklären hat: »An mir gibt es nichts auszusetzen, ich bin so makellos, meine Weste ist so weiß, dass ich, wenn ich auf mein Leben blicke, keinen Fleck finde«. In diesem Moment wird jedem klar werden, dass auch er verführbar ist, sei es auf der sexuell-triebhaften Ebene, sei es durch das Ausleben von Macht, sei es durch das Erkennen von Neid und Eifersucht.

Da es für uns Menschen kein sündloses, also moralisch einwandfreies und gesetzestreues Leben gibt, hat jeder von uns einen barmherzigen Gott nötig, der ihm zum Leben hilft. Das heißt, zu Ende gedacht, dass letztlich alle Menschen einander vergeben müssen, weil ihnen selbst alles vergeben wurde. Auf unterschiedliche Weise scheitern wir alle an Gesetzen. Wir sind also auf unterschiedliche Weise alle Zerbrochene. Alles andere wäre Selbsttäuschung, eine Illusion, die mit der Wirklichkeit nichts zu tun hat.

In der Geschichte führt der Hinweis darauf, über sich selbst nachzudenken und eine eigene Gewissensprüfung zu unternehmen, dazu, dass aus Anklägern Einsichtige werden. Mit dieser Einsicht ist es nicht mehr möglich, den ersten Stein zu werfen. Einer nach dem anderen geht fort. Alle wissen, dass sie in ihrem bisherigen Leben nicht ohne Schuld geblieben sind. Letztlich bleibt Jesus mit der Frau alleine zurück – wie in einem therapeutischen Prozess. Er stellt keine Schuldfrage, sondern nimmt die Frau aus der Scham und Unsicherheit heraus. Er verzichtet darauf, sie zu einem Schuldeingeständnis zu zwingen, sondern fragt sie nach dem Verhalten ihrer Ankläger: »Frau, wo sind sie geblieben? Hat dich keiner verurteilt?«. Sie antwortet: »Keiner, Herr«. Jesus stellt also noch einmal klar, dass die Ankläger auf andere Weise ebenso schuldhaft gelebt haben wie sie selbst. Explizit wird aber von ihm nur gesagt: »Auch ich verurteile dich nicht«. »Und ich will es auch nicht«, müsste man ergänzen. Dahinter steht die Einsicht: »Ich bin kein besserer Mensch als du«. Hier zeigt sich Jesus wieder als freier und souveräner Mensch, indem er der Frau mitteilt: »Auch mir könnte es so gehen wie dir, wenn ich in einer ähnlichen Lebenssituationen wäre«. Das Gefühl, das Jesus der Frau vermittelt, wird damit noch verstärkt, dass sie sich nämlich nicht alleine als Verstoßene und Sünderin erleben muss, sondern dabei in einem Boot mit vielen anderen Menschen sitzt. Darüber hinaus gibt Jesus ihr den Impuls, über ihr eigenes Leben, ihre Handlungen nachzudenken, um dann die Möglichkeit zu entwickeln, etwas zu verändern oder, wie es im biblischen Sinn häufig heißt, umzukehren. Umkehr heißt dann, sich nicht mehr von anderen, sondern für alle Zukunft nur noch von Gott beurteilen zu lassen, der weiß, was ich bin und wer ich bin. Dabei geht es nicht um die Überlegung, ob Menschen, die Fehler machen, freigesprochen werden oder ob man sie anklagt. Es bedeutet vielmehr, Selbstvertrauen zu entwickeln, um über die Dinge, die erlebt und getan werden, nachzudenken und nach eigenen inneren Motiven zu suchen. Die innere Angst kann verschwinden und sich abmildern, wenn Vertrauen in die eigene Person entsteht. Sich selber nicht zu verurteilen, nicht verurteilen zu müssen, sondern sich selbst zu verstehen und innerlich aufzurichten, wäre dann die entscheidende Aufgabe.

Von Lucas Cranach dem Jüngeren gibt es ein Bild von der Ehebrecherin, auf dem sehr deutlich dargestellt ist, dass die Gnade gegenüber dem Gesetz Vorrang hat. Jesus nimmt die Frau, die wehrlos und hilflos dasteht, mit seiner Linken versöhnend bei der Hand. Der Satz aus Matthäus 7,1, »Richtet nicht, damit ihr nicht von Gott gerichtet werdet«, zeigt sich in diesem Bild sehr eindringlich und erlösend.

Anselm Grün

Von Schafen, Hirten, Räubern und Dieben

JOHANNES 10,1-21

Im Johannesevangelium finden sich keine Gleichnisse wie in den übrigen Evangelien. Stattdessen beginnt Jesus seine Rede vom guten Hirten mit einem Rätselwort (Joh 10,1-6). Das Rätselwort deutet nur an. Man kann es daher nicht wie ein Gleichnis betrachten und auslegen. Jesus spricht hier zunächst von einem großen Schafstall oder einem großen Hof mit einer Schafherde darin. Der Hof ist durch eine Tür verschlossen. Und offensichtlich gibt es einen Türhüter. Dieser lässt nur den wirklichen Hirten eintreten, dem die Herde gehört und dem die Schafe daher auch folgen.

Es gibt jedoch auch andere, die nicht durch die Tür zur Schafherde gelangen, sondern sich an anderer Stelle Zutritt erzwingen. Johannes unterscheidet zwischen einem Dieb (*kleptes*) und einem Räuber (*lestes*). Dem Dieb gelingt es mit List und Täuschung, sich das zu stehlen, was er gerne hätte. Der Räuber dagegen reißt es gewaltsam an sich.

Normalerweise sind die Schafe ein Bild für die Christen. Wenn wir die Rätselrede so deuten, dann könnten wir sie auf das Thema »geistlicher Missbrauch« hin auslegen, den wir heute in der Kirche durchaus beobachten können. Geistlicher Missbrauch geschieht immer dort, wo der geistliche Begleiter den zu Begleitenden benutzt, um seine Macht zu zeigen oder um ihn emotional an sich zu binden. Er braucht seine Schüler für sich selbst, um sein eigenes Selbstwertgefühl aufzubauen. Eine Methode, die beim geistlichen Missbrauch oft angewendet wird, ist, dem anderen Angst zu machen, dass er ohne den Begleiter zugrunde geht. Damit übt er letztlich Macht über ihn aus.

Aus den Bildern dieses Rätselwortes könnte man zwei Weisen des geistlichen Missbrauchs herauslesen: Da sind die Diebe, die sich heimlich einschleichen in die Seele des zu Begleitenden. Sie kümmern sich sehr um sie, aber in Wirklichkeit brauchen sie die, die sie begleiten, für sich selbst, um sich selbst als gute Menschen fühlen zu können. Hier spielt der emotionale Missbrauch eine große Rolle. Man bindet den zu Begleitenden emotional an sich, tut alles für ihn, aber letztlich nur, um ihn von sich abhängig zu machen. Dann ist die Rede von den Räubern. Das sind Menschen, die sich gewaltsam Zutritt zum Schafstall verschaffen. Es sind die geistlichen Begleiter, die ihre Autorität einsetzen und damit das Gewissen des anderen völlig ausschalten. Sie wissen genau, was für ihn gut ist. Sie vermitteln, dass sie eine ganz enge Verbindung zum Heiligen Geist haben und dieser ihnen eingibt, was für die zu Begleitenden gut ist. Gegen solchen Anspruch können sich viele nicht wehren. Sie ergeben sich dem Räuber, der ihnen ihre Seele raubt, um sie für sich zu besitzen.

Im Rätselwort spricht Jesus noch nicht vom guten Hirten. Er erzählt nur, dass der Hirte seine Schafe mit Namen ruft. Sie folgen ihm, weil sie seine Stimme kennen, und er geht ihnen voraus. Der Theologe John Sanford meint, es wäre wenig schmeichelhaft, wenn wir die Schafe einfach als Bild für die Christen nähmen, denn Jesus einfach zu folgen wie Schafe ist nicht unbedingt erstrebenswert. Origenes, der große Theologe des dritten Jahrhunderts, deutet die Schafe als unsere Instinkte. Sie kennen die Stimme Jesu. Dann meint dieses Rätselwort, »dass es in uns allen eine irrationale, instinkthafte Fähigkeit gibt, mit deren Hilfe wir das Wahre vom Falschen unterscheiden können. Wenn wir nur auf diesen Spürsinn achteten, würden wir den wahren Lebensführern folgen« (Sanford II,59). Origenes meint, wir haben in uns intuitive Fähigkeiten, die auf die Stimme des guten Hirten hören. Wenn wir unserer eigenen Seele trauen, können wir gut unterscheiden zwischen denen, die uns zum Reichtum unserer Seele, die uns auf eine Weide führen, uns nähren, und jenen, die uns ausbeuten, uns immer schwächer werden lassen und uns abhalten von unserer Lebendigkeit. Wenn wir unserer eigenen Seele trauen, spüren wir auch, welche Stimmen in unserem Inneren uns guttun, uns zum Leben bringen, und welche Stimmen uns auf falsche Fährten locken.

Origenes hat die menschliche Seele genau beobachtet. Sie kennt die Gedanken, die wie Diebe sind. Sie klingen zunächst fromm. Aber in Wirklichkeit rauben sie uns die Lebendigkeit. Sie versprechen uns, dass wir vollkommen werden. Aber die Vollkommenheit ist nicht die Fülle des Lebens, die uns Jesus verheißt, sondern die Erfüllung des eigenen Ehrgeizes. Unsere Seele kennt auch die räuberischen Gedanken, die gewaltsam in uns eindringen. Sie üben Macht aus über uns, indem sie uns ein schlechtes Gewissen einimpfen. Ich kenne eine Frau, die ein schlechtes Gewissen hat, wenn sie sich etwas gönnt oder sich einfach hinsetzt und ein Buch liest. Da kommt sofort der räuberische Gedanke: »Es gibt Wichtigeres zu tun, als zu lesen! Bring den Haushalt in Ordnung. Hilf anderen Menschen, dann tust du etwas Sinnvolles«.

Erst nach dieser Rätselrede spricht Jesus von sich selbst. Es folgen mit die berühmtesten Worte aus dem Neuen Testament, mit denen Jesus sozusagen sein Wesen offenbart: »*Ego eimi*«, »Ich bin«. Zunächst geht es dabei um den Zugang zu den Schafen: »Amen, Amen, ich sage euch: Ich bin die Tür zu den Schafen« (Joh 10,7). Jesus ist die Tür, durch die wir den Zugang zu unserer eigenen Mitte, zu unserem wahren Selbst finden. Er ruft uns beim Namen. Er traut uns zu, dass wir dieser einmalige Mensch werden, der diesen einmaligen Namen trägt. Wer durch diese Tür geht, findet Weide. Er wird innerlich genährt. Nun geht Jesus zurück zum Bild des Hirten und formuliert, was das Ziel seiner Sendung ist: »Ich bin gekommen, damit sie das Leben haben und es in Fülle haben« (Joh 10,10). Man könnte auch übersetzen: »dass sie es im Überfluss haben«. Angefangen von Augustinus verstehen viele nachfolgende Exegeten und Kirchenlehrer unter diesem Leben im Überfluss ein solches, das hier und jetzt aufblüht, aber zugleich über die Grenze des Todes hinüberfließt ins ewige Leben.

Dieses Wort Jesu ist für mich ein wichtiges Kriterium geworden bei der geistlichen Begleitung. Viele erzählen davon, wie sehr sie Jesus lieben. Aber man spürt nichts von dieser Liebe. Sie sind nicht lebendig. Ihr Leib ist völlig verkrampft. Ihr Herz geht nicht auf, weder im Gespräch noch in der Natur noch beim Hören schöner Musik. Ihre Liebe zu Jesus ist ein Ersatz für das ungelebte Leben. Das ist nicht Jesus, den sie lieben, sondern ihr Bild, das sie sich von ihm gemacht haben. Ob wir Jesus begegnen oder einem Bild von ihm, spürt man an der Lebendigkeit. Jesus sagt von dieser Lebendigkeit, dass sie fließt, dass sie überfließt. Das ist für mich ein schönes Bild: Dort, wo das Leben im Fluss ist, wo etwas zwischen uns fließt, wo das Leben hinfließt in die Beziehung zu anderen Menschen, in die Beziehung zur Natur, in die Beziehung zur Kunst, da ist Jesus unser innerer Begleiter. Dort ist Jesus die Tür zum Leben.

Weiter geht es noch einmal mit dem Bild des Hirten: »Ich bin der gute Hirt. Der gute Hirt gibt sein Leben hin für die Schafe« (Joh 10,11). Im Griechischen heißt es: »*Ego eimi ho poimen kalos*«, »Ich bin der schöne Hirte«. Jesus schließt uns die Schönheit des Lebens auf, er öffnet uns die Tür für die Schönheit, in der uns Gott selbst als das Urschöne aufleuchtet. Er sagt von sich, dass er sein Leben für uns hingibt. Seine Liebe und seine Treue zu den Schafen gipfelt in seiner Lebenshingabe. Er liebt uns bis zur Vollendung. Später wird Jesus seine Lebenshingabe als Liebe zu seinen Freunden bezeichnen: »Es gibt keine größere Liebe, als wenn jemand sein Leben hingibt für seine Freunde« (Joh 15,13).

Dann geht es darum, dass er die Seinen kennt und die Seinen ihn kennen. Es ist also ein vertrautes Verhältnis zwischen Jesus und den Schafen. Wenn wir diese Worte auf der psychologischen Ebene deuten, dann heißt das: Jesus führt uns zur eigenen Mitte. Und unsere innere intuitive Stimme kennt die Stimme Jesu und umgekehrt. Dann heißt es im Text, dass er noch andere Schafe hat. Das bezieht sich nicht nur darauf, dass neben den Juden auch Heiden zur Gemeinde gehörten. John Sanford versteht diese Worte so, »dass die Mitte wirklich in der ganzen Menschheit ist. Christus ist in uns allen, ohne Ansehen unserer Hautfarbe oder unserer religiösen Überzeugung« (Sanford II,62).

Die folgenden Sätze scheinen zunächst unverständlich: »Deshalb liebt mich der Vater, weil ich mein Leben hingebe, um es wieder zu nehmen. Niemand entreißt es mir, sondern ich gebe es aus freiem Willen« (Joh 10,17f). Die Leser und Leserinnen des Johannesevangeliums wissen, dass Jesus von den Römern gewaltsam hingerichtet wurde. Hier ist die Rede davon, dass er sein Leben aus freiem Willen hingab. Darin liegt für mich ein wichtiger Schlüssel für das Verständnis Jesu, aber auch für unseren eigenen Weg. Jesus verwandelt das, was ihm von außen widerfährt, er verwandelt den gewaltsamen Tod in eine freie Hingabe aus Liebe. Das ist für mich auch der Schlüssel zu einem erfüllten Leben. Vieles kommt uns in die Quere, vieles durchkreuzt unsere Lebenspläne, vieles widerfährt uns, was uns zu schaffen macht. Doch wenn wir es mit Jesus in Hingabe verwandeln, dann bekommt das, was uns von außen widerfährt, einen neuen Geschmack. Wir verwandeln es in einen Akt der Liebe. Sie schmeckt nicht mehr bitter wie das, was uns widerfährt. Dann fühlen wir uns frei wie Jesus selbst.

Bernd Deininger

Beziehung schafft Leben

JOHANNES 11,17-41

Die Geschichte von Lazarus im Johannesevangelium beginnt an der Grenze, mit dem äußersten, was Menschen zugemutet werden kann: mit dem Tod. Schon Kinder und Jugendliche sind fasziniert von dieser extremen Grenze, denn die Möglichkeit des Sterbens und die Auseinandersetzung mit dem Tod trifft alle Menschen zu jeder Zeit in ihrem Leben. In unserem Alltag neigen viele dazu, den Tod in die Phase des Alters hinein zu verschieben und ihn damit aus dem Leben zu verdrängen. Doch die täglichen Nachrichten und das Lesen von Todesanzeigen in den Zeitungen zeigen, dass sich der Tod nicht verdrängen lässt. Er ist eine universale Macht und er macht vor keiner Altersgruppe halt. Gerade im Jahr 2020, wo wir uns mit der Covid19-Pandemie auseinandersetzen müssen, wird uns dies bewusst.

Schon im Mittelalter wusste man: *Mitten im Leben sind wir vom Tod umfangen – media vita in morte sumus*. Dieser Satz des mittelalterlichen Mönches Notker Balbulus weist auf der einen Seite auf den biologischen Verfallsprozess hin, dem wir von unserer Geburt an ausgesetzt sind. Andererseits ist damit gemeint: Mitten im Leben gibt es auch jenes andere Totsein, im sozialen beziehungsweise psychologischen Sinn verstanden: leben und doch ohne Beziehungen sein, leben und doch zunehmend ins Abseits geraten, leben und doch wie tot sein. Menschen, die keine Freunde haben und anderen Menschen misstrauen; Menschen, die für niemanden da sind, die aber auch von niemandem in eine Beziehung hineingebracht werden wollen; Menschen, die um niemanden Angst haben, die aber auch nicht wollen, dass man sich um sie sorgt; Menschen, die nicht mehr lachen, die nicht weinen, die aus Ängsten bestehen und Kontakte und Beziehungen als Bedrohung und Konkurrenz erleben. Dieses Angesicht des Todes kann weitaus schlimmer und schmerzhafter sein als der biologische Verfall, denn wir wissen: erst Beziehungen, Kommunikation und die Möglichkeit, dass Ich und Du zusammenkommen, macht uns zu Menschen. Das ist das Menschliche an uns.

Diese Gestalt des Todes kennen viele aus Erfahrungen mit anderen und mit sich selbst. Tod als Angst, sich anderen Menschen zu offenbaren, sich mit seinen Schwächen zu zeigen und sich anderen mit diesen Schwächen zuzumuten. Tod als Angst vor den eigenen Gefühlen, als Angst, von den inneren Konflikten und Nöten zu sprechen, Tod als Berührungsangst, als Angst, unser wahres Gesicht zu zeigen und die Maske der Konvention, einer Rolle, in die wir im Leben eingetaucht sind, abzunehmen.

In der psychosomatischen Arbeit begegnen einem häufig Menschen, die sich mit solchen Ängsten herumquälen. Da erzählte mir eine Frau, dass sie als Erstgeborene von vier Kindern nicht erwünscht war. Ihre Eltern waren bei ihrer Geburt erst siebzehn und neunzehn Jahre alt. Der Vater warf ihr immer vor, dass er nur wegen ihr bei der Mutter geblieben sei. Und wenn es schon ein Kind sein musste, dann hätte es doch ein Junge werden sollen. Von der Mutter hörte sie oft, dass sie ihr eigentlich sehr lästig gewesen sei, dass sie sie in ihrem Lebensentwurf gestört habe, dass sie eigentlich damals noch vieles mit ihren gleichaltrigen Freundinnen und Freunden hätte unternehmen wollen, was ihr so nicht möglich gewesen war. So wuchs dieses Mädchen in dem Gefühl heran, eigentlich nur zu stören, keinen Wert zu haben, ungewollt und ungeliebt zu sein. Wie sollte sie da ein positives Selbstwertgefühl, Freude am Leben oder gar Vertrauen in Beziehungen aufbauen können? Um doch einen Rest von Zuneigung zu erhaschen, hat sie sich schon sehr früh um die jüngeren Geschwister gekümmert. Sie hat versucht, den Eltern alles recht zu machen, keine eigenen Ansprüche gestellt, um nicht zu stören. Sie verhielt sich möglichst unauffällig und hoffte, auch durch den Einsatz für ihre Geschwister doch etwas Anerkennung zu erhalten. So verbrachte sie ihre Kinder- und Jugendzeit in einer Mutterrolle für die Geschwister und konnte nie ein altersgemäßes Leben führen wie ihre gleichaltrigen Freundinnen und Freunde. Das Anpassen und Unterwerfen, die Aufgabe ihrer eigenen Interessen war ihr aber nur in einem begrenzten Umfang möglich. Ihre psychische Energie erlahmte zunehmend, und als sie etwa dreißig Jahre alt war, scheiterte eine Beziehung, in der sie sich auch immer unterordnete, sie verlor ihren Arbeitsplatz und hatte aufgrund ihres Misstrauens kaum soziale Kontakte. In diesem Moment brach sie zusammen und geriet in eine tiefe Depression, bis sie dann endlich eine therapeutische Behandlung begann.

Die Lebensgeschichte dieser Frau ist nichts anderes als eine moderne Fassung der Lazarus-Geschichte, denn auch sie beschreibt, wie Leben abstirbt und wie viel es in uns gibt, das wir nicht leben lassen, auch nicht leben lassen können, weil wir zu uns selbst keine positive Beziehung aufbauen konnten.

In dieser biblischen Geschichte steckt deshalb eine ganz besondere Weisheit, die uns über Lazarus, Maria und Martha vermittelt wird. Diese drei sind nicht als einzelne Personen wichtig, denn was hätten Menschen heute davon, dass vor rund zweitausend Jahren ein Mann aus seinem Grab herauskam? Vielmehr sind die drei Geschwister Symbole für Stimmen und Anteile, die wir als Menschen in uns tragen. Martha und Maria stehen für Ordnung, Intaktheit, Leistung, Funktionieren, Versorgen und Anstrengen. Lazarus dagegen kann nichts regeln und organisieren. Er steht für Kreativität, zweckfreies Tun, Lebensfreude, vielleicht auch für eine Seite, die schamhaft besetzt ist, weil sie mit Aggression oder Sexualität verbunden ist. Maria und Martha lassen diese Seite nicht leben. Diese andere Welt muss verdrängt und abgeschoben werden, sie muss gleichsam hinter einem Stein verschwinden. Das Bild, dass die Schwestern ihren Bruder Lazarus mit starken Binden umwickeln, sein Gesicht mit einem Schweißtuch verhüllen, könnte bedeuten, dass diese Seite so stark gebunden werden muss, dass sie nicht mehr atmen kann, dass sie ihre Freiheit einbüßt. Eine Sonderheit, ein Anderssein darf nicht gelebt werden.

Aber alles das, was wir als Menschen oft verdrängen und abschieben wollen, fängt irgendwann an zu »stinken«. Es lässt uns nicht in Ruhe, rumort in uns, will nach oben und sichtbar gemacht werden. Wird es unterdrückt, zeigt es sich mit Symptomen, wie ich sie oben beschrieben habe. Wenn die Aspekte Leistung, um Anerkennung ringen, besonders gut sein wollen zu dominant werden und wir das Schwache und andere in uns nicht leben lassen wollen, schleicht sich dieser verdrängte Anteil in unsere Psyche und äußert sich zum Beispiel in Panikattacken oder Depressionen.

Und noch etwas kann aus dieser Bibelgeschichte abgeleitet werden: In der Gestalt des Lazarus sehen wir einen Menschen, dem es von sich aus nur schwer gelang, zu anderen Menschen Beziehungen aufzubauen. Er konnte das Freundschaftsangebot seiner Familie und seiner Schwestern nicht annehmen. Sein Misstrauen war zu groß. Was im Grab liegt, verwest. Abgeschnitten von Beziehungen, ist das wahrhafte Leben zunehmend verloren. Beziehungslosigkeit führt zu »üblem Geruch« und sondert Menschen immer noch weiter ab.

Jesus tritt in dieser Geschichte wie ein Therapeut auf. Er will sich mit dieser Verwesung eines Menschen nicht abfinden. Er spürt, wie traurig es ist, abgeschnitten von Beziehungen zu sein. Deshalb versucht er, Beziehungen neu zu gestalten und damit Lebendigkeit zu erzeugen.

In einem ersten Schritt spricht er deshalb mit den Schwestern und bereitet sie auf eine neue Beziehung zu ihrem Bruder vor. Er lässt den Stein wegräumen, denn dahinter liegt das Ausgeschlossensein, hinter dem Stein verwest ein Mensch, hinter dem Stein ist Beziehung nicht möglich. Im Gespräch mit Maria, die ihm vom Tod des Bruders erzählt, weint sie und Jesus lässt sich von diesem Schmerz anrühren. Er zeigt seine Gefühle als Mitmensch und weint mit ihr. In diesem Betroffensein, diesem Mitweinen, dieser Empathie entsteht eine neue, lebendige Beziehung. Beide spüren, dass dadurch eine innere Gemeinsamkeit, eine Gemeinschaft im Schmerz und damit ein Verstehen des anderen ohne Worte entsteht. Durch das Wegräumen des Steins eröffnet sich für die Schwester eine neue Beziehung zu ihrem Bruder. Es geht dann darum, die schwachen Seiten, das Abgestorbene, das Schamhafte zu sehen und anzuerkennen. Durch diese Beziehung eröffnet sich in der Begegnung der Geschwister eine neue Chance zu besserem gegenseitigem Verständnis.

Ist es aber eigentlich nicht besser, vieles hinter einem Stein liegen zu lassen? Gerade, wenn es schon »riecht«, schon verfällt. Es könnte unangenehm werden, wenn wir uns den verdrängten und ungelebten Seiten nähern, die hinter dem Stein sichtbar werden. In unserer Geschichte versucht Jesus das Verweste sichtbar zu machen, das Verdrängte an die Oberfläche zu holen. Symbolhaft muss das Tote, das Abgestorbene wieder in Beziehung zu den gesunden, funktionierenden und mächtigen Anteilen, die durch die beiden Schwestern repräsentiert sind, kommen. Nur dann ist es möglich, dass ein Mensch gleichsam auferstehen und damit lebendig werden kann.

Gleichnishaft blickt Jesus zum Himmel empor. Er stellt sich selbst ganz intensiv in die Beziehung zu seinem göttlichen Vater, die ihm Kraft, Stärke und Vertrauen gibt. Aus dieser Beziehung heraus wirkt er. Weil er selbst in einer guten Beziehung steht, ist es ihm möglich, in Lazarus das Abgestorbene, das Übelriechende hervorzuholen und es sichtbar zu machen. Deshalb kommt Lazarus heraus aus seinem Grab. Er ist zwar noch mit Binden umwickelt und sein Gesicht ist mit einem Schweißtuch bedeckt, aber auch das wird noch von ihm abfallen. Das Abgestorbene, das Beschämende, das Unangenehme muss freigelegt werden, alles, was an Enttäuschungen und Zurückweisungen erlebt wurde, muss zur Sprache gebracht werden.

Mit diesem Freilegen wird eine andere und neue Bedeutung sichtbar. Die johanneische Geschichte ist dann nicht nur Beweis für die Macht Jesu, einen Toten aufzuerwecken, sie ist nicht nur Bild für die Kraft der Liebe, die in der Gestalt Jesus gebündelt ist, die menschlich mitfühlen und weinen kann, sondern sie wird an dieser Stelle zu unserer eigenen Lebensgeschichte. In der Gestalt des Lazarus können wir uns selbst wiederfinden. Wir können uns selbst fragen, was wir in uns abschieben, verdrängen, hinter einem Stein verschließen, was wir binden und von uns nicht wissen wollen, welchen Dingen wir keine Lebenschance geben.

In der therapeutischen Begegnung mit der oben beschriebenen Frau war dann die Frage an sie: Wo bin ich beziehungslos geworden, wie ist meine Beziehung zu mir selbst, zu anderen Menschen? Wie kann ich mich von dem Gefühl des Ungeliebtseins, das ich als Kind erfahren habe, lösen? Wo habe ich mich mit dem Gefühl, nicht gewollt zu sein, mit meinen Eltern identifiziert und wo muss ich mich aus dieser Identifikation herauslösen? Eine neue Sicht auf die Menschen, die mir Beziehungen anbieten, kann das, was in mir zerrissen und abgespalten ist, wieder zusammenfügen. Ohne Beziehungen habe ich keinen stabilen inneren Kern. Mit Beziehungsdefiziten bleibe ich weiter depressiv und in meinen Ängsten und Zwängen gefangen. Die Beziehungslosigkeit ist wie ein Totsein, da ich dann keine Freude mehr am Leben spüre. In vielerlei Hinsicht ist die Beziehungslosigkeit eine Krankheit unserer Zeit heute. Wenn wir als Menschen unfähig sind, zu anderen vertrauensvoll in Beziehung zu treten, eine Beziehung aufzubauen, sind wir auch unfähig, eine Beziehung zu uns selbst zu entwickeln. Dann entsteht der Eindruck, dass wir uns selbst nicht mehr wahrnehmen. Wir stehen wie neben uns, sind ohne Selbstwert, erleben uns wie abgeschnitten, spüren nur noch Schmerz und fühlen uns einsam und alleine.

In der Geschichte zeigt sich Jesus auch als Freund. Freundschaft und Liebe dringen symbolhaft bis ins Grab und sind in der Lage,

Binden zu lösen und neue Bindungen zu ermöglichen. Wenn es also durch ein vertrauensvolles Beziehungsangebot möglich ist, den »stinkenden Lazarus« zu retten, dann treten Abgründe in den Hintergrund.

Die Geschichte bei Johannes zeigt uns, dass unabhängig von unserer Entwicklung die Möglichkeit besteht, mithilfe neuer Beziehungen aus Einsamkeit und Ungeliebtsein herauszutreten. Das heißt: Eine Auferstehung ist vor dem Tod möglich. Es ist eine neue Existenzweise, da der Mut, das Misstrauen hintanzustellen, ein Licht scheinen lässt, das am Leben hält. Einen anderen Menschen zum Leben zu bringen, ihn also aufzuerwecken, gelingt nur, wenn man selbst frei ist von Angst, sich zugehörig fühlt, an das Licht glaubt, an die Möglichkeit, Leben sinnvoll zu gestalten. Diese Angstfreiheit, die aus intakten Beziehungen zu uns selbst, zu anderen und letztlich auch zu Gott erwächst, ermöglicht ein Leben in Freiheit. Dann geht es darum, den Kerngedanken des Johannesevangeliums aufzunehmen, der uns zu dieser Freiheit verhilft: »Ich bin die Auferstehung und das wirkliche Leben«. Das Einlassen auf Beziehungen macht uns mitmenschlich und für andere Menschen zur Quelle des Lebens, denn wenn Tod Beziehungslosigkeit ist, dann ist Mitmenschlichkeit und Beziehungsfähigkeit Auferstehung, heute und jetzt.

Anselm Grün

Von der Schönheit des Kreuzes

JOHANNES 12,20-33

In dieser Erzählung geht es darum, dass einige Griechen an Philippus herantraten, weil sie Jesus sehen wollten. Philippus stammte aus Galiläa und hatte einen griechischen Namen, wahrscheinlich wählten sie ihn deshalb als Ansprechpartner aus. Philippus sagte es Andreas weiter, dem anderen Jünger mit einem griechischen Namen. Offensichtlich erwarteten die Griechen von den beiden Jüngern, die vermutlich auch Griechisch sprachen, Verständnis für ihr Anliegen. Sie trugen ihnen ihre Bitte vor: »Herr, wir möchten Jesus sehen« (Joh 12,21).

In dem griechischen Wort *idein*, das hier verwendet wird, steckt die Sehnsucht: Sie möchten einen Eindruck von Jesus gewinnen. Sie möchten spüren, wer dieser Jesus ist und was er ausstrahlt. Manche Exegeten erklären, dass es sich hier offensichtlich um Griechen handelte, sogenannte Gottesfürchtige, die von der jüdischen Religion fasziniert, von den jüdischen Riten aber ausgeschlossen waren, etwa vom Ritus des Paschamahles. Schaut man sich das an, was Jesus nun sagt, als er vor diese Menschen tritt, kann man den Eindruck gewinnen, dass er auf ihr Anliegen nicht antwortet, sondern etwas ganz anderes sagt. Doch für mich hat der Besuch der Griechen eine ganz eigene Bedeutung: Johannes will mit der Antwort Jesu den Griechen einen Zugang zum Geheimnis seines Wesens, seines Todes und seiner Auferstehung vermitteln. Und somit hat seine Antwort auch für uns eine bleibende Bedeutung, denn unser abendländisches Denken ist zutiefst von der griechischen Philosophie geprägt.

Jesus antwortet hier auf die Sehnsucht nach Schönheit, die in der griechischen Philosophie immer wieder zum Ausdruck kommt: »Die Stunde ist gekommen, dass der Menschensohn verherrlicht wird« (Joh 12,23). Doch diese Herrlichkeit und Schönheit Jesu wird erst sichtbar, wenn er stirbt. Daher deutet Jesus seinen Tod und seine Auferstehung mit dem Bild des Weizenkorns: Wenn es stirbt, bringt es reiche Frucht. Der anglikanische Theologe und Psychologe John Sanford, ein Schüler C. G. Jungs, meint dazu: »Indem er am Kreuz stirbt, werden große Kräfte freigesetzt, die sich in der spirituellen Welt ausbreiten. Man kann sagen, dass mit dem Tod der physischen Inkarnation des Christus der Kosmische Christus hervortritt, das neue Bewusstsein, das sich durch die Welt verbreitet und in den Seelen unzähliger Menschen Wurzeln schlägt« (Sanford II,103). Das Bild vom Weizenkorn gilt aber nicht nur für Jesu Tod und Auferstehung. Es ist auch die Beschreibung unseres eigenen Weges der Menschwerdung. Auch in uns muss das Ich sterben, damit das wahre Selbst zum Vorschein kommt. Das Ich will imponieren und glänzen. Doch wahre Schönheit strahlt der Mensch aus, wenn er zum Selbst gelangt ist, wenn er im Einklang mit seiner Seele ist. Das gilt schon hier in unserem Leben und das wird auch für unseren Tod gelten. Die Auferstehungshoffnung der Christen bedeutet nicht die Rettung des Ich in die Ewigkeit, sondern die Verwandlung des Ichs durch den Tod zum wahren Selbst, zum ursprünglichen und einmaligen Glanz, den Gott jedem Menschen zugedacht hat.

Die Schönheit erwartet uns nicht erst in der Auferstehung. Vielmehr hat der, dessen Ich jetzt stirbt wie das Weizenkorn, eine neue Ausstrahlung für andere Menschen. John Sanford schreibt dazu: »Diejenigen, in denen die Samen des neuen Bewusstseins Wurzeln schlagen, stellen fest, dass sich ihr Bewusstsein erweitert. Dies schafft eine Wirkung, die unsichtbar auf andere übergeht« (Sanford II,104). Jesus antwortet den Griechen also auf ihre Sehnsucht nach wahrer Schönheit. Sie entsteht dort, wo das Ich stirbt und der Mensch zu seinem wahren Selbst gelangt. Dort leuchtet die Schönheit in ihm auf, die ihm von Gott geschenkt ist und die er nicht selbst machen muss.

Die folgenden Sätze erinnern an ähnliche Formulierungen in den übrigen Evangelien. Doch wenn wir genauer hinschauen, lässt sich eine typisch johanneische Sichtweise erkennen. Johannes spricht von »dieser Welt«. Sie ist für ihn nur vorübergehend. Wir sollen in dieser Welt schon teilhaben am ewigen Leben. Das ewige Leben ist nicht erst das Leben nach dem Tod. Es hat hier schon eine eigene Qualität und teil am göttlichen Leben. Wer sich zu sehr an die Dinge dieser Welt hängt, der wird innerlich eng. John Sanford meint von solchen Menschen: »Sie werden niemals die engen Grenzen ihres Ich überschreiten« (Sanford II,105). Das Sterben verwandelt uns, sodass wir offen werden für die neue Dimension des ewigen Lebens.

Auch das Wort in Vers 26 ähnelt den Formulierungen im Markusevangelium: »Wer mein Jünger sein will, der verleugne sich selbst, nehme sein Kreuz auf sich und folge mir nach« (Mk 8,34). Doch Jesus spricht bei Johannes nicht vom Kreuz, das die Griechen vermutlich noch nicht verstehen würden, sondern von seiner Nähe: Er ist bei denen, die ihm nachfolgen. Es geht um die mystische Gegenwart Jesu. Wir sind nicht allein auf unserem Weg der Selbstwerdung. Jesus ist bei uns, und seine Nähe befähigt uns, wie er unser Ich loszulassen. Dann werden wir die gleiche Erfahrung machen wie Jesus: dass die Herrlichkeit Gottes in uns nur dann aufleuchtet, wenn wir aus dem engen Gehäuse des Ich ausbrechen.

Die folgenden Sätze interpretieren manche Exegeten so, dass Jesus damit auf die Ölbergszene anspielt: »Jetzt ist meine Seele erschüttert« (Joh 12,27). Jesus bittet den Vater, ihn aus dieser Stunde zu retten. Aber zugleich vertraut er darauf, dass er in diese Situation gekommen ist, damit der Vater ihn verherrlicht. Hier leuchtet wieder das Bild der Herrlichkeit auf, das auf die Sehnsucht der Griechen antwortet. Jesus zeigt ihnen den Weg zu dieser Herrlichkeit. Er führt durch Schmerz und Finsternis. Auch unsere Herrlichkeit wird erst aufleuchten, wenn wir mit Jesus durch die Schmerzen unseres Lebens und durch alle Not und Verzweiflung gehen. Jesus antwortet auf die Sehnsucht der Griechen, aber er zeigt ihnen einen Weg auf, der ihren Erwartungen widerspricht. Wie die Griechen denken auch wir, dass der Weg zur vollendeten Schönheit des Menschen nur durch helle Landschaften führt und nicht durch Engpässe und Dunkelheiten.

Jesus schließt seine Worte an die Griechen mit dem Satz: »Und ich, wenn ich über die Erde erhöht bin, werde alles zu mir ziehen« (Joh 12,32). Man kann diesen Satz unterschiedlich auslegen. Das Ansichziehen kann als Gebärde der Umarmung verstanden werden: Am Kreuz umarmt uns Jesus mit all unseren Gegensätzen. Das Kreuz war schon für die Griechen ein Bild für die Einheit aller Gegensätze: Himmel und Erde, Licht und Dunkel, bewusst und unbewusst, Mann und Frau, arm und reich. Wir sollen also auf das Kreuz schauen, an dem Jesus uns mit allen Gegensätzen umarmt. Für C. G. Jung ist das ein entscheidender Weg unserer eigenen Selbstwerdung. Wir sind voller Gegensätze und haben in uns immer zwei Pole: Liebe und Aggression, Vertrauen und Angst, Stärken und Schwächen. Der Pol, den wir nicht annehmen, gerät in den Schatten und wirkt sich von dort aus destruktiv auf uns aus. Zum Frieden mit uns gelangen wir, wenn wir beide Pole annehmen, sie gleichsam umarmen. Doch das gelingt uns nur, wenn wir uns im Blick auf Jesus am Kreuz von ihm umarmt fühlen.

John Sanford deutet dieses Wort Jesu anders. Für ihn ist das Ansichziehen »das Bild eines Magneten, der Gegenstände anzieht, wobei eine unsichtbare Kraft wirkt. ... So wirkt Christus wie ein Magnet, der die Seelen zu sich zieht. In der christlichen Mystik ist das Kreuz wie ein solcher Magnet. Es übt einen unsichtbaren, aber starken Einfluss auf die Seelen der Menschen aus« (Sanford II,109). Weiter ist er der Ansicht, dass Jesus mit diesem Bild auf die Sehnsucht der Griechen geantwortet hat, die ihn sehen wollten: »Wer ihn sehen möchte, soll auf das Kreuz schauen und auf die mystischen Wirkungen, die es auf die Seele hat« (Sanford II,109).

Bernd Deininger

Das ewige Licht

JOHANNES 12,44-46

In seiner Schrift »De visione Dei« beschreibt Nikolaus von Kues (1401–1464), wie das göttliche Licht zu verstehen ist, das er mit dem Licht der Sonne vergleicht: Wenn ein Mensch direkt ins Licht der Sonne blickt, kann sich das Auge völlig verdunkeln und er seine Sehkraft verlieren. Insofern ist für unsere Augen das Sonnenlicht selbst nicht sichtbar, sondern nur das von ihm bestrahlte, an dessen farbigem Abglanz wir das Leben unserer Erscheinungswelt erkennen. Allein in reflexer Brechung kommt das Wesen des Lichts zur Geltung. So versucht er auch das Geheimnis Gottes zu verstehen: Gott selbst ist unsichtbar und durch keine Einsicht zu begreifen. Sein Wesen erscheint nur verhüllt unter dem, was er nicht unmittelbar selbst ist, im Seienden, welches das Sein selbst hintergründig ans Licht bringt. Wenn also der Mensch Gottes alles überstrahlendes Licht unverhüllt schauen möchte, wird er rasch merken, dass dies nicht möglich ist. Nach Nikolaus von Kues ist daher eine Verfinsterung des sinnlichen Auges erforderlich, denn nur, wenn sich das menschliche Auge verfinstert und der eigenen Dunkelheit gewahr wird, kann sich das innere Auge dem Göttlichen nähern. Je tiefer der Mensch die Dunkelheit in sich erkennt, in umso größerer Wahrheit erreicht er in der Dunkelheit das unsichtbare Licht.

Versuchen wir nun den Sinn dieser Gedanken anhand des Johannes-Textes zu verstehen. Im Zentrum steht die Grundlage und die Quelle des Lebens überhaupt, die Leben schaffende, immer wieder lebendigmachende und aufrichtende Kraft der göttlichen Liebe, die als das Licht in die Finsternis aller Menschen hineinscheinen will. Es geht also um die Kraft, die in mir als Person eine Gewissheit schafft, dass ich in der Tiefe meiner Seele wirklich verstanden werde. Ich als Mensch habe einen unbezahlbaren Wert, ich bin kein Nichts und Niemand, ich bin als Person nicht einfach ersetzbar. Ich bin frei und darf mein Leben gestalten, kann immer wieder neu beginnen, unabhängig davon, wie sehr ich mich belastet fühle. Ich habe die innere Kraft, mich nicht als Person zerbrechen zu lassen und mich in nichts aufzulösen, so, als hätte es mich nie gegeben. Diese Lebenskraft der göttlichen Liebe nimmt es mit dem Leben Verneinenden, Leben Vernichtenden, dem Zerstörerischen in meinem, aber auch im Leben aller anderen Menschen auf und ist in der Lage, das Finstere in meinem Inneren zu erhellen.

In fast jedem menschlichen Leben gibt es immer beides, Finsternis und Licht. Gerade in unserer Zeit legt sich jedoch ein großer Schatten auf viele Leben, der alles zu verdunkeln droht. Das sind nicht nur lebensbedrohliche Erkrankungen, berufliche Sorgen, Arbeitslosigkeit, Beziehungsprobleme in der Partnerschaft oder mit den Kindern, Zukunftsängste, sondern auch häufig innere Krisen. Wenn wir auf die gesellschaftlichen Zustände in unserem Land und in der Welt schauen, aber auch auf unser persönliches Leben bezogen, ist es wichtig, beide Seiten, Licht und Schatten, wahrzunehmen.

Vergeltung fördert Rache, und dieser Kreislauf ist nur schwer zu durchbrechen. Bei den Gedanken von Rache und Vergeltung kommen wir rasch bei uns selbst an. Denn gerade da geht es häufig nicht immer um »lichte Interessen« und Motive, sondern auch um finstere. Es ist deshalb wichtig, innezuhalten, wenn uns im Streit insbesondere die aggressiven Impulse zu überfluten drohen. Denn wenn etwas lichter, also heller werden soll, müssen wir selbst unsere Überzeugungen und Einstellungen lichter werden lassen, damit sich unsere tiefliegenden Motive erhellen. Das bedeutet: Bei uns selbst ist der Ort, wo sich Dunkles in Licht verwandeln kann.

Wenn ich selbst in dem Gefühl lebe, nicht wirklich verstanden zu sein, neige ich dazu, andere abzuwerten; wenn ich mich selbst innerlich leer und ausgebrannt fühle, liegt es nahe, den anderen ihre Lebendigkeit zu missgönnen; wenn ich mich einsam fühle, neide ich den anderen die Beziehungen, die sie haben; wenn ich unter innerem Gewissensdruck stehe, neige ich dazu, andere zu verurteilen. Dies sind nur einige Wirkweisen des Leben Verneinenden. Es gibt viele andere, die unsere Affekte, unsere Gefühle, unsere Weltsicht und unser Handeln bestimmen können. So kann dann das Leben Vernichtende, Zerstörerische, das Finstere in uns und durch uns hindurch nach außen und in andere Menschen hinein und in anderen fortwirken.

So berichtete mir eine Patientin, dass ihre Mutter sie als Mittlere von drei Kindern gegenüber ihren Brüdern immer zurückgesetzt und vernachlässigt hatte. Wenn der jüngere Bruder ungehorsam war oder er etwas zerstörte, warf die Mutter ihr vor, dass sie auf ihn nicht richtig aufgepasst oder sich zu wenig um ihn gekümmert hatte. Der ältere Bruder hat sie oft unterdrückt, ihre Spielsachen zerstört, ihr die Schokolade weggegessen, aber auch da warf ihr die Mutter häufig vor, dass sie selbst schuld sei daran. Sie versuchte sich immer anzupassen und den Wünschen ihrer Mutter nachzukommen, in der Hoffnung, dass sie irgendwann einmal doch ein gutes Wort zu ihr sagen wird. Der Vater hielt sich aus der Erziehung der Kinder völlig heraus. Einmal belauschte sie ein Gespräch zwischen den Eltern, in dem der Vater die Mutter fragte, warum sie die Tochter so benachteilige, worauf die Mutter dies leugnete und meinte, der Vater würde das nicht richtig sehen, da er häufig beruflich außer Haus sei.

Meine Patientin entwickelte daraufhin eine Essstörung. Im Lauf der Therapie gelang es ihr, mit der Mutter über ihre Kindheit, die Vernachlässigung und Zurücksetzung gegenüber ihren Brüdern zu sprechen. Die Mutter meinte, dass sie dies nicht so sehe, sondern sie nur so erzogen habe, wie sie selbst als Mädchen erzogen worden war. Auch die Mutter hatte jüngere Brüder und wurde von den Großeltern für deren Taten verantwortlich gemacht. Im therapeutischen Prozess konnte die Patientin begreifen, dass es der Mutter aufgrund ihrer eigenen Erfahrungen nicht möglich war, sie gerecht zu behandeln. Sie trug in sich ein stetiges Neidgefühl herum beziehungsweise die Angst, dass es der Tochter besser gehen könnte, als es ihr selbst ergangen war. Das konnte sie nicht ausgehalten. Nur wenn sie ihre Tochter genauso behandelte, wie sie selbst behandelt worden war, war es ihr möglich zu leben. Durch dieses Verstehen, dass die Mutter in ihrem Inneren viel Finsternis herumtrug, gelang es meiner Patientin zu betrauern, dass sie die Liebe und Zuneigung der Mutter nicht bekommen konnte. Diese Erkenntnis führte dazu, dass sie sich aus der Identifikation mit der Mutter löste und ein eigenes stabileres Frauenbild für sich entwickelte. Ihr Frauenbild bildetet einen Gegensatz zu dem der Mutter, sodass es ihr möglich war, ihre weibliche Seite zu spüren und die Magersucht, die diese weibliche Seite sabotierte, aufzugeben. Es gelang ihr, das Zerstörerische und Leben Vernichtende bei der Mutter zu lassen und einen eigenen Weg zu finden. Hier bestand die Gefahr, dass das Finstere, das meine Patientin in ihrem Leben, in ihrer Entwicklung erlebt hatte, sich weiter ausbreitet und sich nicht nur in Form der Magersucht zeigt, sondern in einem Suizid endet. Gerade wenn die Welt nur noch durch eine Finsternis hindurch betrachtet werden kann, ist die Gefahr der Einsamkeit, Isolierung und im Extremfall der Selbsttötung sehr groß. Deshalb ist es für uns alle wichtig, dass wir versuchen, die sich entwickelnde Dunkelheit in unserem Inneren sichtbar zu machen.

Im Text aus dem Johannesevangelium ist davon die Rede, dass der, der das Licht der Welt ist, die Fähigkeit hat, Finsternis in Licht zu verwandeln, weil er selbst Dunkelheit und Verzweiflung bis in den tiefsten Punkt hinein erfahren hat. Wenn wir uns das klarmachen, kann in einem gelingenden therapeutischen Prozess die Finsternis erhellt und in Licht verwandelt werden, in der Weise, dass er zur Reifung der Persönlichkeit beiträgt. Die innere Erleuchtung und das Lichtwerden verleihen uns die Fähigkeit, unsere dunklen Seiten zu verstehen und zu akzeptieren, denn aus der christlichen Perspektive heraus dürfen wir annehmen, dass ein göttliches ewiges Licht in uns wirkt und uns die Angst vor der Finsternis nimmt. Es muss sich dann niemand mehr vor sich selbst verbergen, sondern es gibt die Möglichkeit, sich dem Positiven im Leben zuzuwenden.

Hildegard von Bingen, die bedeutende Mystikerin des Mittelalters, hat dies in etwa so formuliert: Des Menschen Seele hat in sich einen Wohlklang und ein Licht und sie ist selbst klingend, weshalb sie oftmals Liebe erfährt, wenn sie jenen Urklang vernimmt. Auch wenn der Mantel der Finsternis über uns liegt, gibt es einen Urklang in uns, auf den es sich lohnt zu hören. Dieser Urklang erinnert uns immer daran, dass wir als Geschöpfe Gottes trotz unserer individuellen Entwicklung und unabhängig von den sozialen Strukturen, in denen wir leben, an der Schöpfung teilhaben und mit ihr verbunden sind.

Anselm Grün

Im Wein verwandelt

JOHANNES 15,1-8

Wie das Wohnen Gottes im Menschen unseren Leib und unsere Seele verwandelt, davon spricht Jesus hier im Bild des Weinstocks. »Das Bild vom Weinstock ist reine Mystik«, meint der amerikanische Theologe John Sanford (Sanford II,142). Es zeigt uns, wie unsere Seele verwandelt und befruchtet wird durch die Vereinigung mit Gott. Das Symbol findet sich in vielen Kulturen. Im Alten Testament ist es ein Bild für das Volk Israel. Jesus nennt sich selbst den wahren Weinstock. Er ist das wahre Israel. In ihm verwirklicht sich, was diesem Volk verheißen war: dass Gott in seiner Mitte wohnt und es, wenn es Gottes Gebote erfüllt, auf diese Weise Frucht bringt. Aber wenn es Gott vergisst, dann lässt er den Weinberg durch Feinde verwüsten. Im Weinberg steckt also beides: Verheißung der Gegenwart Gottes, die Freude in uns auslöst, aber auch die Mahnung, diesen Weinberg zu pflegen.

Der Weinstock war als Symbol ebenfalls bei den Griechen beliebt. Dionysos ist der Gott des Weines und der Ekstase. Johannes möchte mit der Rede Jesu vom wahren Weinstock auf die Sehnsucht antworten, die hinter dem Dionysoskult erkennbar ist: Es ist die Sehnsucht nach Ekstase. Ohne Ekstase verkümmert der Mensch. Er bleibt in seiner »Ego-Schachtel« stecken. John Sanford sieht eine Hauptaufgabe der Religion darin, »Menschen dabei zu helfen, die wahre Ekstase zu finden, das heißt, Wege anzubieten, auf denen jemand für den Moment die gewöhnlichen Grenzen und Strukturen verlassen konnte, durch die wir meist eingeschlossen sind« (Sanford

II,149). Und er beklagt, dass unsere religiösen Ausdrucksformen zu rational sind. Sie bieten uns keinen Weg für die Ekstase in Gott hinein an. Doch diese Sehnsucht steckt im Menschen. Oft sucht er sich dann andere Ventile, um sie zu erleben, zum Beispiel Alkohol oder Drogen. Doch diese Wege führen nicht zur Bewusstseinsentwicklung wie die spirituelle Ekstase, sondern »zur Verflachung des Bewusstseins« (Sanford II,150).

Johannes zeigt uns den christlichen Weg der Ekstase, der über uns hinausführt. Durch die Vereinigung mit Christus sprengen wir die engen Grenzen des Ichs und kommen in Berührung mit der unbegrenzten Kreativität unserer inneren Mitte. Christus als der wahre Dionysos befreit uns von einer engen Gesetzesreligion und führt uns zur »Ethik der Kreativität« (Berdjajew). Schon Origenes hat zu Beginn des 3. Jahrhunderts das Bild des Weinstocks so gedeutet. Für ihn ist das Wort Jesu wie der Wein, der »uns ein Gefühl der Inspiration verleiht und uns mit einem Rausch erfüllt, der nicht unvernünftig ist, sondern göttlich«. Es sind nicht moralische Übungen, sondern mystische Spekulationen, »die das Herz erfreuen und in denen, die sie in sich aufnehmen, ein Gefühl der Inspiration und der Freude im Herrn bewirken« (Origines, Johannes, 33). Das Bild des Weinstocks drückt die freudvolle Seite unseres spirituellen Weges aus. Das Ziel unseres Weges ist die Ekstase der Freude in der Vereinigung mit Gott.

Wenn Jesus sich den wahren (*he alethine*) Weinstock nennt, dann heißt das für mich auch: Im Weinstock, im Baum, in der Tür, dem Brot, also allem Irdischen erkenne ich letztlich das Geheimnis Jesu, das Geheimnis Gottes und des Menschen. Alles wird zum Sinnbild für Gott, der in Jesus Mensch geworden ist. Der evangelische Theologe Rudolf Bultmann sieht im Weinstock auch ein Bild für den Lebensbaum, von dem viele Mythen erzählen. Jesus sagt nun: »All das, was ihr erträumt, das bin in Wirklichkeit ich. In mir werden eure Träume wahr. Alles, was in der Welt euren Hunger, euren Durst, eure Sehnsucht nach Lebendigkeit zu erfüllen scheint, ist in Wirklichkeit Schein. Nur in mir wird eure Sehnsucht wirklich erfüllt. Ich bin der Ursprung wahren Lebens. Wenn ihr in mir bleibt, dann bringt ihr wirklich Frucht, dann wird euer Leben sinnvoll und fruchtbar«.

Es geht in dieser Bibelstelle um drei Themen: um das Bleiben im Weinstock, das Fruchtbringen und das Reinigen der Reben. Jesus sagt hier die denkwürdigen Worte: »Ihr seid schon rein durch das Wort, das ich zu euch gesprochen habe« (Joh 15,3). Er hat offensichtlich so zu den Jüngern gesprochen, dass sie sich ganz und gar angenommen, rein, lauter, im Einklang mit sich und Gott fühlten. Das Wort Jesu hat alles Unreine aus ihnen herausgeworfen. Es hat sie in Berührung gebracht mit dem lauteren Kern ihrer Seele. Gott selbst hat sie durch Jesu Wort gereinigt. In diesem Wort wird die Ausstrahlung Jesu sichtbar. Er strahlte offensichtlich etwas aus, das den Menschen vermittelte: »Es ist gut so, wie du bist. Du bist rein. Du bist von Gott als gut erschaffen. Das Gute und Reine ist stärker als alle Sünde. Wenn du dich meiner Liebe öffnest, dann ist alles in dir rein, dann wird alles Unlautere geläutert und verwandelt«.

Jesus spricht von Gott als dem Winzer, der jede Rebe, die keine Frucht bringt, abschneidet. Das klingt für uns sehr radikal. Aber John Sanford meint, im spirituellen Leben gälten die gleichen Gesetze wie in der Natur. Es gibt ein spirituelles Gesetz, »wonach Leben, das die Aufgabe, die ihm zugedacht ist, nicht erfüllt, vernichtet wird« (Sanford II,145). Gott als Winzer reinigt die Reben, die Frucht bringen, damit sie noch mehr tragen. Unsere Spiritualität ist immer mit egozentrischen Motiven vermischt. So verlangt der Weg der Selbstwerdung, dass Gott uns immer mehr von allen Trübungen reinigt, die das ursprüngliche Bild Gottes in uns verdunkeln.

Die wichtigste Aufgabe des Jüngers ist, dass er in Jesus bleibt. Das Bleiben ist die Voraussetzung für das Fruchtbringen. Nur wenn die Rebe am Weinstock bleibt, kann sie Frucht bringen. Nur wenn wir in Berührung sind mit unserem wahren Selbst, wenn das, was wir sprechen und tun, aus dieser inneren Mitte herausströmt, wird es Frucht bringen. Alles, womit wir uns unserem Ego beweisen wollen, auch wenn es noch so große Werke sind, wird in sich zusammenfallen, wenn sie nicht aus unserer inneren Mitte herausfließen.

In Jesus zu bleiben bedeutet vom Bildwort her nicht nur, dass wir mit unserer Mitte in Berührung sind, sondern auch, dass wir von Jesu Geist und Liebe durchdrungen werden. So wie die Rebe ihren Saft aus dem Weinstock zieht, so durchströmt uns die Liebe Jesu, die in seinem Tod am Kreuz offenbar geworden ist. Es ist ein gemeinsames Bleiben. Wir sollen in Jesus bleiben, dann bleibt er in uns, dann durchdringt er uns mit seiner Liebe. Diese Liebe lässt uns Frucht bringen. Die wahre Frucht ist nicht eine große Leistung, sondern die Liebe, die nun von uns ausstrahlt. Alles, was wir tun, ist nur dann fruchtbar, wenn es von der Liebe geprägt ist. Die Worte, die wir sagen, bringen Frucht, wenn es Worte der Liebe sind. Die Bücher, die wir schreiben, helfen nur dann, wenn sie von der Liebe durchdrungen sind. Die beruflichen Leistungen zählen nur dann, wenn sie aus Liebe geschehen. Sicher gibt es Menschen, die Geniales vollbringen. Doch wenn die Liebe fehlt, bleibt auch das unfruchtbar. Es zerfällt. Die Liebe ist jedoch keine moralische Forderung, die wir erfüllen müssen. Vielmehr strömt sie aus uns heraus, wenn wir mit unserer Mitte in Berührung sind, wenn Christus unsere Mitte, unser Selbst, geworden ist. Das Ego ist aus sich heraus unfruchtbar. Die Quelle unserer Vitalität und Kreativität liegt in unserer Mitte, in der wir eins sind mit Christus.

Die Liebe wird unmittelbar nach der Bildrede vom Weinstock thematisch aufgegriffen. Nun sagt es Jesus offen, worin das Bleiben in ihm besteht: »Bleibt in meiner Liebe!« (Joh 15,9). Die Liebe ist wie ein Raum, in den man eintritt und in dem man wohnen kann. Sie ist wie eine Quelle, an die man angeschlossen ist, ähnlich wie die Rebe am Weinstock hängt und von ihm ihre Kraft erhält. Der Grund unserer Liebe ist Jesu Liebe, mit der er uns bis zur Vollendung geliebt hat. Diese Liebe ist Grund der Freude.

Die Kirchenväter interpretieren das Wort Jesu von der vollkommenen Freude, die er uns schenkt, als die Verheißung einer unzerstörbaren Freude, die uns niemand nehmen kann. Die Sehnsucht des Menschen zielt auf diese Freude, die nicht mehr abhängig ist von Erfolg und Zuwendung, sondern die aus einer inneren Erfahrung kommt. Es ist die Freude als Antwort auf die bedingungslose Liebe Jesu. Jesus bringt uns in Berührung mit der Freude, die eine innere Qualität unserer Seele ist. In ihr wird unsere Seele weit. Freude ist Ausdruck der Lebendigkeit, die in uns ist und mit der uns Jesus in Berührung bringt durch seine Liebe.

Jesus deutet seine Liebe als Liebe unter Freunden. Sie verströmt sich nicht von oben nach unten, sondern sieht den anderen als gleichwertig an. Der Höhepunkt dieser Freundesliebe ist Jesu Sterben für uns als seine Freunde: »Es gibt keine größere Liebe, als wenn einer sein Leben für seine Freunde hingibt« (Joh 15,13). Freundesliebe ist für Juden und Griechen gleicherweise höchstes Gut und Erfüllung ihrer tiefsten Sehnsucht. Jesus nennt seine Jünger Freunde. Sie sind nicht mehr Knechte, die nicht wissen, was der Herr tut, die keinen Zugang zum Herzen ihres Herren haben. Der Knecht versteht seinen Herrn nicht, er steht im Dunkeln und ist deshalb in ständiger Angst. Die Jünger sind Freunde, die von Jesus bedingungslos geliebt sind.

Mit diesem Bild beschreibt Johannes das Geheimnis der neuen Beziehung Gottes zu uns Menschen, wie sie durch Jesus Wirklichkeit geworden ist: Wir sind Gottes Freunde, wir sind Jesu Freunde. Die Freundschaftsliebe ist reines Geschenk. Sie bewirkt in uns kein schlechtes Gewissen, dass wir sie erwidern müssen. Sie ist einfach da. Wenn wir zu Freunden geworden sind, strömt in uns von selbst die Liebe. Im Bild des Freundes zeigt uns Jesus, welche Würde wir haben. Wir sind auf der gleichen Ebene wie er. Wir sind seine Vertrauten geworden. Er hat uns sein Herz ausgeschüttet, uns alles geoffenbart, was er von seinem Vater gehört hat. Wir sind eingeweiht in alle Geheimnisse dieses göttlichen Freundes. Der Tod Jesu soll uns kein schlechtes Gewissen machen, weil wir Schuld haben am Tod Jesu wegen unserer Sünden. Im Tod kommt uns vielmehr Jesus als unser Freund besonders nahe. Da wird unsere Freundschaft für immer besiegelt, dürfen wir erfahren, wie wichtig wir Jesus sind: So wichtig, dass er sein Leben für uns hingibt.

Literatur

Abaelard, Peter: Gespräch eines Philosophen, eines Juden und eines Christen, Frankfurt am Main 2008.

Bultmann, Rudolf: Das Evangelium nach Johannes, Göttingen 1950.

Bultmann, Rudolf: Glauben und Verstehen, Band 2, Tübingen 1952.

Bultmann, Rudolf: Jesus, Tübingen 1926.

Bovon, François: Das Evangelium nach Lukas, III/2, Zürich 1996.

Bovon, François: Das Evangelium nach Lukas, III/3, Zürich 2001.

Drewermann, Eugen: Atem des Lebens, Die moderne Neurologie und die Frage nach Gott, Band 2, Düsseldorf 2007.

Drewermann, Eugen: Das Lukasevangelium, Band 1, Düsseldorf 2009.

Drewermann, Eugen: Das Lukasevangelium, Band 2, Düsseldorf 2009.

Drewermann, Eugen: Glauben in Freiheit oder Tiefenpsychologie und Dogmatik, Band 1, Dogma, Angst und Symbolismus, Düsseldorf 1993.

Ermann, Michael: Psychotherapie und Psychosomatik, Ein Lehrbuch auf psychoanalytischer Grundlage, 7.te erweiterte Auflage, Stuttgart 2020

Flasch, Kurt: Nikolaus von Kues, Frankfurt am Main 2008.

Freud, Sigmund: Totem und Tabu, Gesammelte Werke, Band 9, London 1940.

Fromm, Erich: Religion, Gesamtausgabe, Band 6, Stuttgart 1980.

Grün, Anselm: Tiefenpsychologische Schriftauslegung, Münsterschwarzacher Kleinschriften, Band 68, 11. Auflage, Münsterschwarzach 2015, Neuausgabe: Edition Münsterschwarzach, Band 8, Münsterschwarzach 2021.

Grün, Anselm: Tu dir doch nicht selber weh, Mainz 1997.

Grün, Anselm und Riedl, Gerhard: Mystik und Eros, Münsterschwarzacher Kleinschriften, Band 76, 11. Auflage, Münsterschwarzach 2020.

Hegener, Wolfgang: Heilige Texte, Psychoanalyse und talmudisches Judentum, Gießen 2017.

Hobson, Peter: Die Wiege des Denkens, Gießen 2014.

Holm, Nils G.: Einführung in die Religionspsychologie, München 1990.

Johannes Chrysostomos, Matthäus-Kommentar, Band II, übersetzt von Joh. Chr. Baur, Kempten 1916.

Johannes Chrysostomos, Wer sich nicht selbst verletzt, kann von niemandem verletzt werden, in: Patrologiae Cursus Completus, Series Graeca (PG), 52,459–480.

Josuttis, Manfred: Reden – Träume – Fragen, Predigten aus der Zeit, München 1974.

Kandel, Eric: Was ist der Mensch, München 2018.

Kristeva, Julia: Dieses unglaubliche Bedürfnis zu Glauben, Gießen 2014.

Kristianpoller, Alexander (Hrsg.): Traum und Traumdeutung im Talmud, Wiesbaden 2006.

Leong, Kenneth S.: Jesus – der Zenlehrer. Das Herz seiner Lehre, Freiburg im Breisgau 2000.

Lindner, Wulf-Volker: Predigten eines Psychoanalytikers, Göttingen 1993.

Luz, Ulrich: Das Evangelium nach Matthäus, I/2, Zürich 1990.

Martin, Gerhard Marcel: Vogelfrei. Drehmomente der Christusbegegnung, Stuttgart 1992.

Mertens, Wolfgang (Hrsg.): Handbuch Psychoanalytischer Grundbegriffe, 4. Auflage, Stuttgart 2014.

Sanford, John: Alles Leben ist innerlich. Meditationen über Worte Jesu, Olten 1973.

Sanford, John: Das Johannesevangelium. Eine tiefenpsychologische Auslegung, Band I und II, München 1997.

Theißen, Gert: Der Schatten des Galiläers, München 1986.

Schweitzer, Albert: Straßburger Predigten, München 1986.

Weinreb, Friedrich: Psychologie der Sehnsucht, Weiler im Allgäu 1996.

Wenz, Gunther: Über Gott und die Welt, München 2012.

Wenz, Gunther: Christus Studium systematische Theologie, Band 5, Göttingen 2011.

Bibliografische Information der Deutschen Nationalbibliothek

Die Deutsche Nationalbibliothek verzeichnet diese
Publikation in der Deutschen Nationalbibliografie.
Detaillierte bibliografische Daten sind im Internet über
http://dnb.d-nb.de abrufbar.

Ohne Folie
Für unsere Umwelt

FSC www.fsc.org MIX Papier aus verantwortungsvollen Quellen FSC® C014889

in Deutschland produziert

1. Auflage 2021

Lektorat: Marlene Fritsch
Satz: Matthias E. Gahr
Umschlaggestaltung: Finken & Bumiller, Stuttgart
Umschlagmotiv: shutterstock.com
Druck und Bindung: Pustet, Regensburg
ISBN 978-3-7365-0351-9

www.vier-tuerme-verlag.de